O LADO BOM
DO LADO RUIM

:):

DANIEL MARTINS DE BARROS

O LADO BOM DO LADO RUIM

COMO A CIÊNCIA ENSINA A USAR A TRISTEZA, O MEDO, A RAIVA E OUTRAS EMOÇÕES NEGATIVAS A SEU FAVOR

SEXTANTE

créditos das imagens: [p. 39] Maryna Kalchenko | ShutterStock; [p. 68] Gibson
e Walk (1960), © 1960 Nature Publishing Group (via Wikimedia Commons);
[p. 87] Diogo de Nazaré

edição: Nana Vaz de Castro

preparo de originais: Juliana Souza

revisão: Ana Grillo, Hermínia Totti e Milena Vargas

projeto gráfico e diagramação: Natali Nabekura

capa: Filipa Pinto

impressão e acabamento: Cromosete Gráfica e Editora Ltda.

CIP-BRASIL. CATALOGAÇÃO NA PUBLICAÇÃO
SINDICATO NACIONAL DOS EDITORES DE LIVROS, RJ

B276L   Barros, Daniel Martins de
          O lado bom do lado ruim / Daniel Martins de Barros.
          Rio de Janeiro: Sextante, 2020.
            160 p.; 14 x 21 cm.

            Inclui bibliografia
            ISBN 978-85-431-0931-2

            1. Emoções e cognição. I. Título.

20-62099   CDD: 152.4
                                              CDU: 159.942

Todos os direitos reservados, no Brasil,
por GMT Editores Ltda.
Rus Voluntários da Pátria, 45 – Gr. 1.404 – Botafogo
22270-000 – Rio de Janeiro – RJ
Tel.: (21) 538-4100 – Fax: (21) 2286-9244
E-mail: atendimento@sextante.com.br
www.sextante.com.br

*Para todos que um dia
compartilharam comigo o lado
ruim de suas histórias em busca de
alívio para as emoções negativas.*

Dor é o conhecimento correndo para preencher uma lacuna.
Quando você dá uma topada no pé da cama, digamos que isso
seja uma lacuna no conhecimento. E a dor que se segue carrega
um monte de informação muito rápido. A dor é isto.

— JERRY SEINFELD, comediante americano

Sumário

Introdução

Pessoas praticamente perfeitas nunca permitem
que o sentimento atrapalhe o próprio pensamento.
— MARY POPPINS

E ste é um livro sobre emoções, principalmente as negativas. Mas não espere encontrar aqui uma forma de domá-las, muito menos de se livrar dos sentimentos ruins. Ao contrário do que recomendam os manuais de roteiro, eu já vou entregar logo de cara o fim do livro – atenção, lá vai *spoiler*: ninguém consegue se colocar acima das emoções. Nem se livrar da tristeza, da raiva ou do que quer que seja. Mas, antes de desistir de continuar lendo, saiba de uma coisa: essa é uma excelente notícia.

Como veremos ao longo da leitura, as emoções não existem por acaso. Elas foram inscritas em nosso cérebro por motivos bastante importantes e até hoje cumprem várias funções das quais não podemos abrir mão. Portanto, livrar-se de qualquer uma delas, embora às vezes pareça desejável, certamente acabaria sendo prejudicial.

Não sendo possível (nem saudável) acabar de vez com as emoções negativas, é preciso aprender a identificá-las, encará-las e chamá-las pelo nome. Pode parecer algo simples, mas, de tanto tentarmos ignorá-las, muitas vezes temos dificuldade em dizer exatamente o que estamos sentindo. E as pessoas com mais dificuldade para distinguir as emoções negativas não apenas sofrem mais – elas também têm maior risco de desenvolver depressão, pois, se não compreendem a mensagem enviada pelas emoções, não conseguem saber exatamente como resolver a situação.[1]

Seja racional

Nós vemos as emoções com grande desconfiança. Acreditamos que, como seres racionais, devemos deixá-las de lado em nossas decisões, sejam elas profissionais, familiares ou mesmo afetivas. Porém, é irônico sugerir, por exemplo, que alguém, refletindo sobre um relacionamento amoroso, pense racionalmente – trata-se de uma relação afetiva, antes de qualquer coisa. Mas é assim que funciona: nós não confiamos na emoção.

E temos nossos motivos para isso.

Para começo de conversa, desde a Antiguidade clássica nós sabemos que a razão por vezes é perturbada pelas emoções. Já na *Ilíada* (escrita no século VIII a.C.), a perda de controle é mencionada em vários momentos. Num deles, Agamenon diz que foi vítima da "venerada Atê que ofusca a todos, aquela maldita! Ela (...) não se arrasta pelo chão, mas sobe à cabeça dos homens para obscurecer-lhes a mente..."[2] Para Homero, a

"Atê" era um estado de espírito transitório, capaz de turvar a racionalidade inerente à natureza humana. Tão súbita e intensa era a experiência que os gregos a atribuíam à influência das divindades. Hoje não colocamos mais a culpa no além, mas todos nós já experimentamos aquela sensação de olhar para trás e, arrependidos, atribuir a culpa por alguma bobagem que fizemos a uma forte emoção momentânea.

O filósofo escocês David Hume, que viveu no século XVIII, dizia que, na verdade, somos escravos das emoções. A razão só viria a reboque, tentando justificar com argumentos plausíveis as decisões tomadas instintivamente nas direções ditadas pelos afetos. Séculos mais tarde, as neurociências dariam a ele sua parcela de razão. O psicólogo social americano Jonathan Haidt mostrou em seus estudos que muitas de nossas decisões sobre certo e errado não são nada racionais – a primeira sinalização que temos sobre algo ser condenável é uma sensação, uma emoção negativa que intuitivamente nos diz que aquilo é errado.[3] E essa emoção imediata e automática traça o caminho a ser trilhado inexoravelmente pelo raciocínio. Aqui cabe um comentário que explica muitos conflitos domésticos e brigas entre amigos atualmente: quando tomamos consciência de nossas opiniões, é porque a razão já fez um grande esforço para justificar a intuição, tornando difícil mudar de opinião.

A influência das emoções sobre nosso raciocínio é tão complexa que nós não somos capazes sequer de saber, quando estamos calmos, como nos comportaremos ao ser tomados por uma emoção. Os cientistas chamam esse fenômeno de "*hot-cold empathy gap*", algo como "lacuna de empatia quente-fria".[4] A empatia é a capacidade de nos colocarmos no lugar do outro, entendendo seu ponto de vista e seu estado afetivo. Se conseguimos compreender tais estados nos outros, deveria ser fácil compreendermos nossas próprias reações, certo? Não necessariamente: nossa compreensão muda bastante em virtude de estarmos sendo racionais ou emocionais. Quando estamos de cabeça fria, não mobilizados por emoções, temos uma visão bastante imprecisa sobre como reagiremos em momentos de grande comoção, dominados por sentimentos. Mas de cabeça quente temos dificuldade de mensurar até que ponto as emoções estão influenciando nosso comportamento.

Esse é um tema que vem sendo cada vez mais estudado na área de tomada de decisão – suas consequências interessam a muita gente, de profissionais de marketing ávidos por compreender (e moldar) as decisões de compra dos consumidores até militares que precisam treinar soldados a decidir sob pressão. Existem várias experiências que demonstram cabalmente que não somos capazes de saber como vamos agir quando estamos emocionados, mas poucas são tão definitivas e divertidas quanto a que foi conduzida pelos economistas comportamentais Dan Ariely e George Loewenstein e publicada em 2006 com o significativo título "The Heat of the Moment: The Effect of Sexual Arousal on Sexual Decision Making" (O calor do momento: o efeito da excitação sexual na tomada de decisão sexual).[5]

Ariely e Loewenstein fizeram uma série de perguntas a estudantes universitários do sexo masculino, investigando em que medida eles achavam interessantes determinadas práticas sexuais, até que ponto teriam atitudes moralmente questionáveis para conseguir fazer sexo e qual a chance de usarem preservativo em algumas situações. Uma vez respondidas as questões, os voluntários recebiam um computador que apresentava vídeos eróticos e então repetia as perguntas. Os rapazes deviam se excitar até chegar o mais perto possível do orgasmo e, no calor do momento, responder novamente às perguntas dentro de uma escala de 0 a 100, sendo 0 igual a "absolutamente não" e 100 "com certeza sim".

Os resultados foram impressionantes. A simples questão "Sapatos femininos são eróticos?" teve nota média 42 no estado "frio" e passou para 65 no estado "quente". "Você seria capaz de ter prazer no sexo com alguém que odeia?" subiu de 53 para 77. A pergunta "Você levaria uma pessoa a um restaurante chique para aumentar suas chances de fazer sexo com ela?" teve média de 55 pontos na fase inicial, saltando para 70 quando os participantes da pesquisa estavam excitados. Pior: "Você diria a uma mulher que a ama para aumentar as chances de fazer sexo com ela?" foi de 30 para 51 pontos. E "Num encontro você encorajaria alguém a beber para aumentar as chances de acabar em sexo?" subiu de preocupantes 46 para assustadores 61. Por outro lado, o efeito da excitação sobre as perguntas que diziam respeito à probabilidade de usar preservativo era o oposto – as pontuações despencavam. "Você usaria sempre preservativo se não soubesse o histórico sexual de uma nova parceira?" desceu de 88 para 69 pontos. E para coroar: "Você usaria preservativo mesmo receando que a mulher pudesse desistir de transar enquanto você fosse pegá-lo?" fez a pontuação descer de 86 para 60. Quer dizer, com a cabeça no lugar, todo mundo acha que será capaz de fazer o certo, mas, quando a hora H chega, parece que outra pessoa assume o comando.

Não seja tão racional

Por outro lado, sem emoção as interações sociais perdem muito em qualidade. Personagens extremamente racionais que o público tanto ama expõem com maestria essa contradição: Sherlock Holmes, o capitão Spock de *Jornada nas estrelas* e, mais recentemente, o físico Sheldon Cooper, queridinho dos fãs da série *The Big Bang Theory*. Todos eles encarnam, cada um a seu modo, o ideal do ser humano puramente racional, que não se deixa levar pelas emoções, agindo a cada momento de acordo com o que é mais lógico, dedutível e cientificamente embasado. No entanto, eles conquistam os fãs muito mais pelo embaraço que lhes causa viver uma vida sem emoções do que pela frieza – em vários momentos de interação social eles acabam se dando mal. Esses personagens nos cativam não só porque invejamos sua racionalidade, mas também porque suas dificuldades sociais nos mostram como seria complicado agir apenas racionalmente num mundo que nem sempre segue a pura lógica.

Esse foi o drama de Eliot, pseudônimo de um dos pacientes mais famosos da neurociência moderna. Antes da revolução tecnológica que nos deu conhecimento inédito sobre o funcionamento do cérebro por meio de tomografias e ressonâncias, muito do que sabíamos sobre esse órgão vinha do estudo de pacientes cujas lesões – e déficits resultantes – revelavam a função das regiões cerebrais.

Com Eliot foi diferente. No seu caso a lesão já era conhecida; o difícil era compreender seus efeitos. Ele tivera um tumor no lobo frontal do cérebro, cuja maior parte acabou sendo retirada para salvar sua vida. Mesmo sabendo disso, os médicos e psicólogos não compreendiam exatamente o que aconteceu com ele depois. A inteligência dele permaneceu intacta; a memória, preservada; a capacidade de raciocínio lógico, perfeita. Ainda assim, sua vida ia de mal a pior nos relacionamentos, no trabalho, em toda parte.

Até que o neurocientista António Damásio, examinando-o mais a fundo, descobriu que Eliot se tornara incapaz de sentir emoções. Ele não se emocionava diante de imagens tristes e chocantes mesmo que racionalmente soubesse o que deveria sentir. Era capaz de resolver charadas, solucionar dilemas; porém, não conseguia tomar decisões relacionadas à própria vida. Listava prós e contras, avaliava as variáveis, mas não era capaz de se decidir. Damásio criou, assim, a hipótese do marcador somático: nosso corpo (soma) o tempo todo envia, no nível emocional, não cognitivo, sinais que são essenciais para marcar quais cursos de ação são certos ou errados.[6] Somente pela lógica seríamos incapazes até de decidir entre Coca-Cola ou Pepsi, sopa ou salada.

Emoções positivas e negativas

Mesmo depois de entender tudo isso, nós ainda ficamos desconfiados. Ok, as emoções positivas nós conseguimos aceitar. Tudo bem ficar alegre. Nada contra ter serenidade, sentir-se confiante ou experimentar qualquer das emoções celebradas nos livros que recheiam as prateleiras da seção de autoajuda.

Mas o que tem de bom em ficar triste? Qual a vantagem de sentir raiva? Existe algum lado bom no medo, no nojo? Acreditamos que para ter sucesso precisamos conseguir nos livrar dessas emoções.

Aí é que nos enganamos.

Ao longo deste livro veremos que todas as emoções existem por uma razão e que, sejam agradáveis ou não, seus sinais são importantes para o autoconhecimento e para nos ajudar a navegar no mar das relações interpessoais. Sim, das nossas relações.

Porque uma das funções mais importantes da expressão das emoções é fazer com que a gente consiga se comunicar com os outros, transmitir informações. E, como as notícias que precisamos dar nem sempre são boas, não ter emoções negativas seria como perder parte do nosso vocabulário.

O círculo das emoções

As emoções sempre tiveram que competir umas com as outras.
— THEODORE ZELDIN

Quando eu estava na quarta série primária – hoje o quinto ano do ensino fundamental –, a professora Rose, de educação artística, nos apresentou o círculo cromático. Nós criamos então nosso próprio círculo, pintando com os preciosos lápis do estojo o espaço destinado a cada cor. Do alto de nossos 10 anos, a lógica daquele instrumento se revelava aos poucos, para nosso fascínio. Talvez aquilo fosse uma tortura para alguns, mas, para os nerds como eu, era divertidíssimo reconhecer os padrões que surgiam.

De um lado, cores frias: azul, anil, lilás, roxo... Opa! A cor roxa já não seria morna? Do lado dela já aparecia o rosa, claramente membro do clube das cores quentes, embora não tanto quanto o vermelho, a cor mais quente de todas, e o laranja. O vizinho do laranja, o amarelo, já começava a esfriar, e o verde também parecia meio morno, reiniciando o ciclo.

Círculo cromático

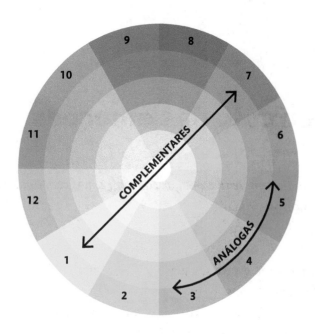

Primárias	Secundárias	Terciárias	
1. Amarelo	11. Verde	12. Verde-amarelado	6. Rosa
5. Vermelho	7. Roxo	10. Verde-azulado	4. Laranja-avermelhado
9. Azul	3. Laranja	8. Anil	2. Laranja-amarelado

Doze cores compõem o círculo cromático mais comum. As três primárias (azul, vermelho e amarelo), as secundárias (verde, roxo e laranja), produzidas pelas combinações das três anteriores, e seis terciárias, que são tons intermediários entre as primárias e as secundárias.

As cores vizinhas são chamadas de cores análogas. Bem parecidas entre si, formam um conjunto harmonioso, pois só se diferenciam por pequenas nuances. Um tom a mais de uma cor primária dita para que lado ela deve se mover – o verde, por exemplo, se torna verde-amarelado se for para um lado, ou verde-azulado se for para o outro. Em lados opostos estão as cores complementares. Embora sejam extremamente diferentes, essa diferença não significa incompatibilidade. Uma valoriza a outra quando aparecem juntas – o vermelho e o verde das bandeiras portuguesa ou italiana, por exemplo, se destacam mutuamente. Bem utilizadas, elas também expressam harmonia ao se combinarem.

Ciranda emocional

Organizadas dessa forma, é possível fazer uma analogia perfeita entre as cores e as nossas emoções. Afinal de contas, também existe uma gama de emoções diferentes, semelhantes ou opostas, que eventualmente interferem umas nas outras e quase sempre se misturam, dando origem a sensações diversas. Podemos levar a analogia além, já que as emoções também podem ser classificadas como primárias, ou básicas, e dão origem às secundárias e às terciárias. E, de forma muito interessante, elas também podem ser organizadas em um círculo – as emoções negativas, de um lado, vão se diferenciando aos poucos umas das outras, passando pelas emoções ambíguas e chegando às emoções positivas, do outro lado, reiniciando o círculo.[7]

Assim como no caso das cores, o círculo das emoções é interessante não só pelo que revela, mas também pelo que não está aparente. Entre as cores primárias vermelho e azul, é fácil

Círculo das emoções

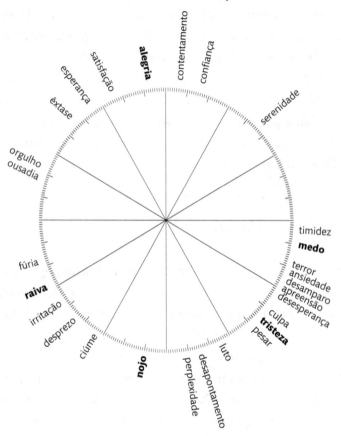

identificar o roxo – cor secundária obtida pela mistura de ambas na mesma proporção. Se carregarmos um pouco mais no vermelho, teremos o roxo-avermelhado de um lado; se pusermos um pouco mais de azul, teremos o anil de outro. Mas, se quisermos, podemos muito bem encontrar outro tom entre o anil e o azul, bastando para isso mudar ligeiramente as proporções. Que nome daríamos para essa nova cor? Que nem nova deve ser – provavelmente já existe há muito tempo na natureza, em alguma flor ou na plumagem de alguma ave. Basta prestarmos atenção.

Da mesma forma, entre o medo e a tristeza podemos encontrar o desamparo, que carrega um pouco – ou muito – de ambas as emoções. Mas às vezes ele tem menos de medo e mais de tristeza – por exemplo, quando achamos que o resultado negativo é inevitável, tendemos mais a nos lamentar do que a temer. Que nome daríamos a esse sentimento? Desesperança, talvez? E nessa mesma sensação pode surgir uma pitada de raiva – se acharmos que alguém tem culpa pela situação. Variando assim os ingredientes básicos e suas proporções, podemos identificar mais emoções do que pensamos. Se pararmos para prestar atenção em nós mesmos – como podemos prestar nas cores do mundo –, provavelmente encontraremos diversas emoções. Algumas que nunca tínhamos notado. Outras que talvez ainda nem tenham sido batizadas.

Certa vez eu tive uma dessas experiências quando, ainda médico residente me especializando em psiquiatria, estava passeando num parque de diversões. Parei próximo à saída de uma daquelas torres nas quais os mais corajosos ficam presos a uma cadeira e despencam da altura de um prédio. Notei que as pessoas saíam do brinquedo rindo e tremendo ao mesmo tempo, com um olhar assustado que, curiosamente, emanava alegria. Havia um quê de alívio com toques de vergonha. Eu me dei conta de que, se me perguntassem, não saberia dizer o que elas estavam sentindo. E apostaria que nem elas mesmas saberiam detalhar a sensação experimentada. "Estou rindo, mas é de nervoso" seria o máximo que eu esperaria ouvir. Era uma emoção sem nome, imaginei. Talvez porque simplesmente ela não tivesse sido identificada na natureza. Enquanto a humanidade desenvolvia a linguagem e os idiomas, ao longo de milênios, amadurecendo termos para nomear os sentimentos, quem caía de uma altura daquelas não costumava sobreviver para relatar o que havia sentido, e assim não batizamos a sensação de "despencar voluntariamente de grandes alturas diante da alta probabilidade de não morrer". Talvez seja esse mesmo o apelo de brinquedos desse tipo: proporcionar sensações totalmente inéditas e impossíveis de serem vivenciadas na vida real. Passei a me perguntar quantas emoções devem existir por aí sem que nos demos conta.

Por um tempo fiquei com o radar ligado para sensações desse tipo. Foi assim que descobri algumas emoções ainda não batizadas. Como quando estava mexendo numas coisas velhas, dessas que todos temos enfiadas em algum armário, que guardamos sem saber exatamente por quê, e encontrei um livro que não tinha a menor ideia de como fora parar ali. Então, na prática, ele estava desaparecido até aquele momento, pois no dia que eu precisasse consultá-lo jamais procuraria ali, soterrado em meio a objetos de utilidade questionável e valor sentimental duvidoso. Estava perdido. Mas eu não sabia disso, pois ainda não tinha precisado dele. (Sim, eu sou uma vítima de *tsundoku*, palavra japonesa que significa "comprar livros e deixá-los empilhados junto de outros livros comprados e não lidos".) Ainda assim, senti uma espécie de alívio por me livrar de uma raiva que eu nem cheguei a sentir, mas sentiria quando fosse procurá-lo. Qual o nome dessa emoção, a de encontrar sem querer algo que você não sabia que havia perdido?

Como no caso do termo *tsundoku*, que explica numa só palavra um comportamento complexo, atentar para termos estrangeiros nos ajuda a refinar o olhar para os meandros não explícitos do círculo das emoções. Em português, temos o caso clássico da saudade. Trata-se de uma emoção agridoce, pois se refere à tristeza pela falta de algo ou alguém que só sentimos porque sua presença era positiva de alguma forma. A sensação boa do passado é vivenciada concomitantemente à tristeza do presente que ela mesma gera. É um sentimento universal. O escritor inglês C. S. Lewis, por exemplo, famoso pelas *Crônicas de Nárnia*, ficou viúvo em uma situação bastante dramática. Ao ser perguntado sobre seus sentimentos, ele dizia que a tristeza que agora sentia fazia parte da alegria que antes havia vivido.

Mas, como já vimos, nem sempre existe nome para tudo o que sentimos. Isso às vezes nos impede até mesmo de reconhecer a existência do sentimento. Há quem diga que, em vez de nomearmos as coisas que vemos, só vemos as coisas para as quais damos nome. Pense na famosa palavra *Schadenfreude*. Em alemão, significa "o prazer que sentimos com o infortúnio alheio". Pode ser expressa na forma de algo escrachado como rir dos tombos espetaculares que vemos em vídeos nas redes sociais, mas também de algo mais sutil – e inconfessável – como a desagradável satisfação que por vezes surge quando um colega arrogante é demitido. Depois que aprendemos a palavra, fica muito mais fácil reconhecer a sensação, ainda que não nos orgulhemos dela, em nosso cotidiano.

Por isso, provavelmente é impossível fazer uma lista completa de todas as emoções que existem. Quem ficar atento a cada experiência da vida, tentando – por hobby ou ofício – identificar exatamente qual o sentimento de cada momento, poderá descobrir um mundo de novas sensações. Imagine um pintor que, em vez de misturar partes iguais de amarelo e azul para obter o verde, adicionasse uma gota de tinta a mais por vez, prestando atenção em cada transição. Cada cor criada poderia receber um nome próprio, ampliando o leque visual do artista.

O escritor Douglas Adams, autor do clássico *O Guia do Mochileiro das Galáxias* e roteirista do seriado *Doctor Who*, certa vez se uniu ao amigo John Lloyd, escritor e produtor, para criar um dicionário chamado *The Meaning of Liff* (uma brincadeira com a expressão *"the meaning of life"*, ou "o sentido da vida" em inglês). A ideia do livro era nomear o que até então não tinha nome, de sensações a situações sociais corriqueiras, sugerindo nomes de lugares para elas. Por exemplo, tomaram emprestado o nome da minúscula cidade de Shoeburyness para batizar "a desconfortável sensação de sentar-se num lugar aquecido pelo traseiro de outra pessoa".[8] Talvez eu pudesse contribuir com alguns verbetes. Coisas como "Cambé:[9] o alívio experimentado quando descobrimos que não precisaremos prestar um favor que aceitamos contra a nossa vontade"; ou "Buíque:[10] a frustração que sentimos quando nos pedem para fazer algo que já havíamos decidido fazer espontaneamente".

As emoções primárias

Mas se não é possível fazer uma lista definitiva de todas as emoções existentes, será que podemos ao menos identificar algumas que sejam essenciais?

Há muito tempo tenta-se descobrir, nessa ciranda de emoções que convivem lado a lado ao mesmo tempo que se superpõem, quais delas seriam as primárias, ou a base para a construção das demais. Como as cores, elas se somariam para compor o espectro emocional. Esse debate é antigo – e sem conclusão definitiva.

Desde os filósofos até os cientistas, muitos já se dispuseram a criar essa lista, por vezes com justificativas teóricas, outras com base nas mais diversas pesquisas. René Descartes, por exemplo, postulava, no século XVII, a existência de seis emoções básicas – amor, ódio, alegria, tristeza, desejo e admiração –, e dizia ser capaz de explicar todas as outras a partir delas. Outro filósofo seiscentista, Baruch Spinoza, também tentou descobrir que ingredientes básicos se misturavam para formar as outras emoções. Mais econômico que seu colega francês, para ele eram apenas três: alegria, tristeza e desejo. "Amor nada mais é do que alegria acompanhada da ideia de uma causa externa",[11] afirmou. Já o orgulho seria "aquela alegria que surge de um homem pensando muito em si mesmo", e assim por diante. Essas suposições, fruto da introspecção e do raciocínio, são úteis para refletir sobre a natureza de nossos afetos, mas não são baseadas em pesquisas empíricas e estão longe de resolver a questão. Não que as pesquisas científicas tenham chegado a algum consenso, mas há diversas outras maneiras de tentar estabelecer a lista básica.

Uma das propostas é que apenas as emoções que aparecem nas expressões faciais da mesma maneira em qualquer ser humano – até nos cegos de nascença, que nunca *viram* uma expressão facial – entrem nesse grupo de elite, constituindo matéria-prima para as outras emoções. Segundo Paul Ekman, um dos psicólogos mais influentes do século XX e grande estudioso das expressões faciais, elas são seis: medo, nojo, raiva, alegria, tristeza e surpresa. Ekman desenvolveu parte de seu trabalho em visitas a tribos aculturadas, durante as quais apresentou fotos de expressões faciais para verificar se os nativos reconheceriam as emoções. Contava histórias tristes ou assustadoras e registrava as reações faciais dos nativos para comparar às dos americanos. Concluiu que certas expressões eram universais, classificando-as por esse motivo como básicas.[12]

Essa, contudo, não é a única maneira de buscar as reações emocionais mais primitivas. Existem pesquisadores, como L. Alan Sroufe, que levam em conta o desenvolvimento infantil para determinar quais são as emoções realmente básicas.[13] Instintos de aproximação *versus* afastamento, bom *versus* ruim, desejo *versus* aversão indicariam que apenas medo, raiva e prazer mereceriam essa distinção. No extremo oposto estão as teorias mais complexas, que aumentam de forma significativa o tamanho da lista, acrescentando toda emoção que tenha valor adaptativo na busca por sobrevivência: alegria, tristeza, aceitação, nojo, medo, raiva, expectativa e surpresa.

Na tentativa de identificar quais seriam as "cores primárias" da nossa paleta afetiva, estudiosos usaram muitos outros critérios: já levaram em conta se as reações emocionais são independentes de fatores culturais ou da necessidade de serem aprendidas; já compararam a similaridade entre elas e as de outros animais; já consideraram se era possível decompô-las em outras, ou explicá-las como sendo a soma de emoções mais fundamentais; já se utilizaram das respostas fisiológicas próprias a cada uma delas. Como dizia o professor José Cippola

Neto, que lecionava neurofisiologia para o segundo ano da faculdade de Medicina, se existem muitas teorias para explicar algo, é porque nenhuma delas acertou em cheio a ponto de conseguir convencer a todos. É como na história dos cegos e do elefante, famosa em várias tradições orientais. Os detalhes da parábola variam de uma tradição para outra, mas em todas as versões um grupo de homens cegos encontra um animal até então desconhecido para eles. Aproximam-se com cautela para apalpá-lo, e começam a descrever o que percebem. O homem que toca a orelha espanta-se com a sua maleabilidade e a atribui ao corpo todo do bicho, comparando-o a um leque. Mas o que examina a tromba imediatamente discorda, pois, embora ela seja flexível, assemelha-se mais a um tubo. Nessa hora, o que apalpa a pata entra na conversa, pois até poderia aceitar a comparação com um tubo, mas a rigidez e o diâmetro típicos de um tronco estão evidentes. O homem que se aproximou por trás, tocando o rabo do elefante, não concorda com ninguém, descrevendo o animal como fino, delicado, com cerdas. Finalmente aquele que subiu no lombo se desespera com as descrições tão incompatíveis com a magnitude que testemunha ali em cima. Algumas versões da história terminam em briga – o que não é nem um pouco difícil de entender –, mas todas elas ilustram que o apego a pontos de vista únicos leva necessariamente a uma visão parcial do todo, limitando a compreensão total.

De qualquer maneira, nem os cientistas nem os leitores podem discordar de que existem algumas reações emocionais que são mais automáticas, primárias e até inexplicáveis do que outras. São aquelas que experimentamos num nível pré-consciente, antes mesmo de nos darmos conta do que estamos sentindo. Muitas vezes reagimos primeiro e só temos consciência da reação depois. São sensações imediatas e de pronta identificação no outro: "Ele está triste hoje", "Puxa, por que será que ela ficou com tanta raiva?". Sem precisar dizer nada, nós sabemos não apenas *dar nome* ao que a pessoa está sentindo, mas também *como* ela está se sentindo.

De fato, quando se analisam tantas listas buscando os pontos em comum, percebe-se que, apesar das muitas divergências, algumas emoções aparecem em quase todas. Alegria, tristeza, medo e raiva são praticamente unanimidades. É difícil argumentar contra sua presença no rol de emoções primárias. O nojo também consta de um número muito significativo de teorias – embora não em tantas quanto as outras quatro –, desde as evolucionárias até as que têm como base as expressões faciais. E foi a partir daí que estabeleci a lista que norteia a estrutura deste livro.

Ainda que toda lista seja parcial, esses pilares básicos possibilitam refletir sobre uma gama bastante diversa de emoções do nosso dia a dia, então foram escolhidos para orientar nossa navegação pelos nem sempre calmos mares emocionais. Mais ou menos como pontos cardeais, alegria, tristeza, medo, raiva e nojo nos dão uma boa ideia de onde estamos no círculo das emoções – só de citar medo, por exemplo, sabemos intuitivamente que estamos nos arredores do terror e da ansiedade, chegando até a apreensão se nos afastarmos um pouco mais, ou até a timidez se formos para o lado oposto. E só quem já ficou perdido sabe a diferença que faz ter pontos de referência.

É isso que muitas vezes acontece em nossa vida emocional. Ficamos frequentemente à mercê das ondas, sendo jogados pra lá e pra cá, com dificuldade para dizer exatamente o que estamos sentindo. E, perdidos, ficamos confusos, sem saber como seguir em frente. Portanto, podemos usar nosso círculo das emoções como uma bússola.

Positividade e negatividade

Agora dê outra olhada em nossa bússola. Veja com cuidado quais são os pontos de referência – as emoções primárias: alegria, tristeza, medo, raiva e nojo. Notou alguma particularidade? De que lado do círculo cada uma se encontra? Talvez tenha chamado atenção o fato de que, das cinco, quatro estão do lado das emoções negativas. Sim, porque, assim como o círculo cromático pode ser dividido em dois lados, o das cores quentes e o das cores frias, o círculo das emoções também nos apresenta a possibilidade de definir lados opostos. Claramente distingue-se um lado de emoções positivas e outro de emoções negativas. E da mesma forma que sabemos intuitivamente que as cores quentes representam o fogo, o Sol e a claridade, enquanto as frias têm a ver com água, gelo e penumbra, sem pensar muito conseguimos determinar como dividir as emoções. Do lado positivo estão aquelas que gostamos de sentir, as que queremos sempre mais, tanto que até viciam. Do lado negativo estão aquelas das quais fugimos, que não nos proporcionam qualquer prazer; pelo contrário, nos causam aversão.

Claro que, como se diz, há gosto para tudo. Há quem não goste do que a maioria acha bom e quem tenha apreço pelo que a média das pessoas acha ruim. Mas, salvo em casos extremos, se pedirmos às pessoas que tracem o diâmetro dessa circunferência determinando duas metades distintas, um lado bom e um lado ruim, certamente obteremos divisões muito parecidas na maioria das vezes. As emoções primárias não se distribuem de forma homogênea pelos 360 graus. Do lado positivo há apenas uma, a alegria. As outras quatro – pelo menos as de nossa lista – distribuem-se pelo lado negativo. Essa não é uma característica exclusiva de nossa enxuta seleção de emoções básicas. Mesmo nas listas mais extensas, o lado ruim sempre ganha em número de representantes – entre 60% e 70% de praticamente qualquer lista de emoções primárias são sempre compostos por emoções desagradáveis.

Quando notei isso tive a sensação de que o círculo parecia desequilibrado, tendendo para o lado negativo. E quanto mais eu pensava no assunto, mais claro ficava para mim que não se tratava de mera impressão. O círculo é de fato mal balanceado. Embora haja sentimentos dos mais variados tipos, os mais básicos tendem a não ser nada agradáveis. Em meio a tantos debates sobre quantas e quais são as emoções primárias, existe um consenso de que a negatividade é predominante entre elas. Talvez não em números absolutos – é possível que, para cada emoção negativa, exista um antônimo positivo perfeito, embora eu duvide disso (qual seria o sentimento oposto ao "Shoeburyness", de Adams e Lloyd, afinal?). Em termos de proporção, no entanto, não há como discordar de que as emoções negativas dominam o grupo das emoções básicas. Diante dessa constatação à primeira vista pouco otimista, duas coisas vêm à mente. Em primeiro lugar: tal proporção não deve ser por acaso. E em segundo: temos que aprender a lidar com essa infeliz predominância da tristeza, com perdão da ironia.

Os objetivos deste livro são estes: descobrir por que as emoções negativas são predominantes e, ao mesmo tempo, desenvolver meios de lidar com elas. Podem parecer tarefas distintas, mas veremos que as duas coisas acontecem de forma concomitante. Quando percebemos que as emoções negativas têm um papel fundamental em nossa vida (não é à toa que são maioria), passamos a compreendê-las melhor, a interpretar seus sinais, a ouvir suas mensagens. E fazer isso é a melhor forma de encará-las: em vez de tentar calar a voz delas, ignorá-las ou fingir que não existem, olhá-las de frente nos ajuda a ficar menos vulneráveis à negatividade e a nos livrar mais rapidamente do sentimento ruim. Não pretendo com isso exaltar sensações desagradáveis, como se a tristeza fosse algo alegre ou a raiva algo pacífico. Não. Emoções negativas são de fato ruins, e quanto mais cedo pudermos nos livrar delas, melhor. Mas o caminho não é tentar calá-las à força, não apenas porque isso é impossível, mas principalmente porque é prejudicial.

Um estudo científico conduzido na Alemanha traz pistas muito interessantes sobre as vantagens de se aceitar a negatividade.[14] Cientistas acompanharam cerca de 400 voluntários durante três semanas. Ao longo desse período, checaram várias vezes, por meio de mensagens no smartphone, como estava o humor deles. Antes disso, os pesquisadores haviam perguntado a essas pessoas como elas lidavam com as emoções negativas, se as aceitavam resignadamente como parte da vida, se ficavam revoltadas com elas e assim por diante. Fizeram também uma avaliação de bem-estar físico e emocional. No fim das três semanas, os cientistas descobriram que todas experimentavam sentimentos bons e ruins, claro. Mas aquelas que aceitavam melhor a tristeza, a raiva e a ansiedade apresentavam menos impacto negativo tanto na saúde física como no bem-estar emocional. Provavelmente elas eram mais aptas a se livrar da bola de neve que costuma se formar quando sentimos algo ruim – aquela tristeza por termos ficado tristes, o que só nos deixa ainda mais tristes e aumenta a tristeza por estarmos nos sentindo dessa maneira. Ou a raiva que vem contra a nossa vontade e nos deixa com raiva de termos ficado com raiva, aumentando ainda mais a raiva. Precisamos quebrar esses círculos viciosos.

Para isso, é útil conhecer o lado bom do lado ruim. Todas as emoções existem por algum motivo – uns mais óbvios, outros que só podemos inferir. Ter consciência desses motivos nos ajuda a ver as emoções não como intrusas, mas como mensageiras. Elas podem nos ajudar a raciocinar melhor, a ter uma perspectiva mais realista; podem também nos colocar em ação, nos proteger de ameaças, evitar injustiças. Se dermos ouvidos a elas, teremos ajuda para identificar oportunidades, persuadir os outros, ser mais seletivos nos relacionamentos, superar perdas – e até evitar algumas. Há algo que elas querem nos dizer, e quanto mais afiados estivermos para captar suas mensagens, melhor poderemos explorar suas habilidades informativas – e menos elas ficarão gritando em nosso ouvido.

Para alcançar esse objetivo, daremos uma volta completa pelo círculo das emoções, passeando por todas as emoções primárias. Visitaremos a tristeza, o medo, a raiva, o nojo e a alegria, única representante do lado positivo. Mas, em se tratando de algo que é praticamente um livro de antiautoajuda – uma vez que insiste na importância de continuarmos ficando tristes, ansiosos, com raiva e enojados –, não faria sentido enaltecer o lado bom da alegria – ela já tem marketing suficiente. Vamos apenas mostrar que, apesar de toda a propaganda em torno da felicidade e do otimismo, esses sentimentos também têm um lado ruim.

Vale reforçar que esses são nossos pontos de referência, não a paisagem completa. A cada parada podemos dar uma espiada na vizinhança, buscando compreender como aquele grupo de sentimentos pode nos ajudar – qual é seu lado bom, quais são seus ensinamentos, quais são as vantagens de nos sentirmos daquela forma. Em alguns momentos, também identificaremos os sinais de alerta, as dicas para saber se determinada emoção está saindo do controle e nos levando em direção ao adoecimento. Afinal de contas, depressão, transtorno de pânico, fobias, etc. já não são emoções normais trabalhando a nosso favor, e sim condições médico-psicológicas decorrentes, entre outras coisas, da sinalização descontrolada dessas emoções negativas.

Para completar os 360 graus dessa circunferência, retornaremos ao ponto de partida com uma perspectiva muito mais ampla. Depois de aprendermos tantas vantagens que as emoções negativas apresentam, ficará claro que não tê-las – ou seja, a apatia ou a ausência de emoções – é muito pior. E que uma vida feita só de emoções positivas é tão prejudicial quanto uma dieta exclusiva de sorvetes e tão sem sentido quanto uma rede social de uma só pessoa.

Terminaremos a jornada mais atentos à vasta gama de experiências emocionais. Não ficaremos livres das emoções negativas – como veremos, isso não é possível nem desejável –, mas seremos mais condescendentes e hábeis ao lidar com elas e rápidos para mandá-las embora. Pois aprender a ouvi-las não é o mesmo que querê-las por perto.

Elas podem ser muito úteis, mas não deixam de ser desagradáveis.

Tristeza

Sentimento é uma aberração química encontrada no lado do perdedor.
— SHERLOCK HOLMES

As coisas não são como queremos

Eu sempre fui alérgico. Basta tomar uma aspirina para meus olhos incharem como os de um sapo. Meu nariz é um detector de poeiras ocultas, denunciando com espirros a presença de ácaros invisíveis. E, se levo uma picada de pernilongo, há grande chance de ficar com um calombo desproporcional ao tamanho do inseto. Essa reação já foi pior – quando criança, eu ficava com o corpo todo empipocado por causa de uma única picada. Talvez por isso eu tenha desenvolvido um ódio mortal por pernilongos. "Por que eles existem?", eu perguntava aos meus pais. Para mim, eles não ajudavam em nada o mundo e ainda atrapalhavam meu sono – o que justificaria a existência de um bicho desses?

Algumas emoções negativas assemelham-se, à primeira vista, aos pernilongos: incomodam bastante e parecem não ter qualquer função. Culpa, pesar, desapontamento ou luto, por exemplo, podem surgir quando as coisas não saem como queremos. Todas elas rodeiam a tristeza – para manter a analogia das cores, todas trazem um tom tristonho. Mas por que a tristeza seria importante? É fácil entender, por exemplo, que a ansiedade nos protege de perigos, ou que a raiva nos prepara para batalhas. Mas qual a função dessas dores na alma? Será apenas doer mesmo? Embora a tristeza seja muito incômoda, não se deve duvidar de sua importância. (Dos pernilongos, sim).

O mundo não é exatamente do jeito que queremos, afinal de contas. E – desculpe se sou o primeiro a dar essa notícia – nunca será. Isso significa que sempre teremos que lidar com essa sensação de descompasso entre nossos desejos e a realidade. Mas existem vários aspectos da vida que podemos modificar, seja em nosso entorno, em nossas relações ou em nós mesmos. A tristeza então é útil para nos ajudar a identificar essas situações e, quem sabe, modificar uma ou outra. Esqueça os manuais que tratam esse sentimento como algo a ser eliminado – eles estão vendendo ilusões ou promovendo o conformismo absoluto. A única forma de nunca entristecer é abrir mão de um mundo melhor.

Não queremos alimentar a tristeza, mas não adianta tentar acabar com ela de uma vez por todas. Temos que aprender a aceitar sua existência (sem ficarmos tristes por estarmos tristes) e escutar sua mensagem logo, antes que o sentimento comece a gritar cada vez mais alto para se fazer ouvir, aumentando sua intensidade até se transformar em depressão. Os coreanos têm uma palavra interessante para descrever certa emoção: *han*.[15] Ela é intraduzível, mas, embora misture várias sensações negativas, como tristeza, ressentimento, dor na alma, está inextrincavelmente ligada à esperança. É uma dor que indica que algo deve ser diferente, e que acredita na mudança. Parece-me bastante útil.

Atenção aos sinais

Dê uma boa olhada na figura a seguir. Como você descreveria o estado emocional dessa pessoa?

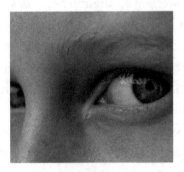

Essa foto não é original. Foi modificada digitalmente, com base no trabalho conduzido pelo cientista Robert Provine, para testar se um pequeno detalhe faria diferença.[16] Observe a imagem sem retoques a seguir.

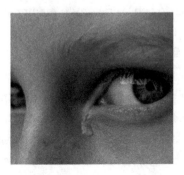

E agora, o que você acha que ela está sentindo?

Provine é um pesquisador bastante original, interessado em compreender fenômenos prosaicos como o espirro, o riso, o bocejo e o choro. Nessa pesquisa, ele e seus colegas apresentaram centenas de fotos para que os participantes avaliassem o estado emocional dos retratados. Descobriram que as fotos mostrando pessoas tristes, mas sem as lágrimas, transmitiam muito menos tristeza do que quando revelavam o choro – às vezes os rostos pareciam até mesmo neutros, sem emoção. Ninguém sabe qual a real função das lágrimas emocionais, mas essas pesquisas dão uma pista de que elas são mensageiras. Qualquer um sabe que quando alguém está chorando é porque está triste (ou muito emocionado). E isso modula o comportamento de quem recebe a mensagem.

Quando eu estava na faculdade de Medicina, tive que passar algumas vezes pela sofrida experiência de coletar sangue de bebês recém-nascidos. O choro agudo e constante penetrava até os ossos, angustiando a ponto de me fazer querer desistir da coleta. Como eram sempre exames importantes, o jeito era desligar o incômodo: eu tomava consciência do meu mal-estar, da urgência que aquele choro transmitia, e me convencia de que o sofrimento do bebê seria muito maior caso ficasse doente por não ter sido tratado adequadamente.

A função do choro é esta: incomodar quem está perto a ponto de fazer as pessoas quererem saber o que está acontecendo. Quem já esteve num voo longo de avião com um bebê chorando a bordo sabe bem o que é isso. Ficamos aflitos, com a sensação de que algo precisa ser feito – e precisa ser feito *agora*. Com certeza essa característica evolutiva é muito vantajosa. Se algum dia existiram povos que não se incomodavam nem um pouco com o choro de seus filhos, eles foram extintos – afinal, que bebê sobreviveria sem um adulto correndo para atender suas necessidades? E quanto mais frágil a criança, mais irritante é seu chamado – o som do choro de recém-nascidos prematuros provoca mais incômodo do que o dos nascidos no tempo certo. O choro é de fato uma forma de nos mobilizar para a ação.[17]

Isso acontece não só com os bebês e seu choro. Os adultos também expressam tristeza como uma forma de modular as atitudes dos outros por meio da empatia. O povo ifaluk, da Micronésia, chama de *fago* uma emoção que traduz bem o que é isso. Trata-se de uma mistura de tristeza, compaixão e amor – é aquela tristeza que sentimos empaticamente pelo sofrimento de alguém que sofreu uma perda, que nos mobiliza afetivamente para seu cuidado. Não conseguimos ficar parados diante da dor alheia, já que a própria ação de cuidar é um analgésico para aliviar a dor que sentimos por causa da empatia.

O famoso naturalista inglês Charles Darwin já suspeitava de que demonstrar emoções é uma forma de comunicação. Em seu livro *A expressão das emoções nos homens e nos animais*, ele defende que nossas reações são tão prontamente externadas – de forma involuntária e parecida com o que vemos em outros animais – que provavelmente foram embutidas em nosso cérebro ao longo da evolução.[18] Se isso aconteceu, a expressão emocional só pode ter trazido algum tipo de vantagem na interação.

De fato, mostrar nossas emoções – e garantir que elas sejam vistas – faz muita diferença em nossos relacionamentos.

A história da canadense Amanda Todd é apenas um exemplo – dramático – da importância desse tipo de comunicação e de como sua ausência é perigosa. Amanda levava uma vida como a das outras adolescentes da sua idade, até que foi convencida a enviar uma foto mostrando os seios para uma pessoa na internet. A partir daí, a foto começou a ser compartilhada, com cada vez mais ofensas e humilhações dirigidas a ela. A família se mudou de cidade, mas o cyberbullying continuou, até que a garota não aguentou mais e se enforcou.

Como na maioria dos casos de ódio destilado na internet, um dos maiores combustíveis para o cyberbullying é a ausência de feedback emocional. As brigas viscerais que testemunhamos todos os dias nas redes sociais ocorrem porque não se vê a reação de quem está sendo xingado. A violência tende a aumentar quando não se visualiza a testa franzir, os olhos lacrimejarem, os ombros caírem. A postura associada à tristeza – cabeça e olhos baixos, tom de voz reduzido – é sinal de submissão no reino animal. Nas interações dentro da mesma espécie, mostra que o bicho não está a fim de briga, não quer reagir, aceita descer um degrau na escala hierárquica, abrir mão da fêmea, procurar outro território.[19] E, em geral, isso é bastante eficaz para conter a agressão do outro lado – pense em sua última discussão que terminou em choro. Normalmente, o choro encerra a briga. Fica a dica.

Melancolia e inteligência

A tristeza também faz com que o nível de energia caia, reduzindo o risco de uma reação agressiva acabar escapando da pessoa que já estava pronta para ceder. A perspectiva de futuro se torna menos otimista, influenciando o planejamento, e o desejo de interagir diminui – tudo visando à proteção diante de uma ameaça. Ao mesmo tempo, aumenta a atenção aos sinais alheios. Não basta transmitir uma mensagem, é importante saber se o outro a captou.

Isso foi comprovado pelo psicólogo Joseph Paul Forgas, que, embora nascido na Hungria, construiu toda a sua carreira na Austrália. Na segunda metade do século XX, ele começou a publicar estudos pioneiros sobre a influência dos estados emocionais em nossos julgamentos sociais e percepções. Um dos métodos que utilizou ao longo dos anos em sua pesquisa é bastante eficaz para modular o estado emocional dos voluntários: ele reunia pessoas saudáveis, sem sinais de depressão ou de outros problemas emocionais, e as dividia em dois grupos. Um deles assistia a trechos de filmes de comédia, que elevavam o humor, e o outro via cenas tristes, documentários sobre câncer ou quaisquer assuntos deprimentes. Em seguida, Forgas testava se, assim manipulados, os sentimentos interfeririam nas interações sociais dos voluntários.

Numa das experiências, após deixar os participantes tristes ou contentes, Forgas exibiu vinhetas de pessoas negando ter cometido um roubo – parte delas estava mentindo, parte dizendo a verdade. Sabendo agora que a tristeza nos torna mais atentos aos sinais, quem você acha que diferenciou melhor os mentirosos dos inocentes? Se respondeu que as pessoas tristes tiveram um desempenho mais satisfatório como detectoras de mentira, acertou. Nós poderíamos pensar que, por estarem tristes, elas simplesmente diriam que todos estavam mentindo (considerando todos culpados e, assim, incriminando inocentes), mas não foi o que aconteceu. Elas não apenas foram mais céticas, mostrando-se menos suscetíveis às alegações de inocência dos mentirosos, como apresentaram melhor capacidade de discernir a verdade da mentira. [20]

Forgas descobriu que outra vantagem da tristeza, ainda relacionada à comunicação interpessoal, diz respeito à capacidade de persuasão. Pessoas induzidas a se sentirem mais tristes se tornaram mais persuasivas. Em diversos experimentos, nos quais voluntários tinham que defender posições populares ou impopulares, além de tentar influenciar a atitude de terceiros, aqueles com o humor mais negativo produziram argumentos mais concretos e específicos do que as pessoas felizes, alcançando melhores resultados. [21, 22]

Não é que seja preciso passar num velório antes de entrar em uma discussão, mas de fato uma das grandes vantagens da tristeza é nos tornar mais reflexivos. O neurocientista António Damásio acredita que esse processo foi um grande catalisador de mudanças na história da humanidade. "Quando a dor e o sofrimento eram causados por outros – por como eles se sentiam em relação aos outros, como achavam que esses se sentiam a respeito deles –, ou quando a dor era causada por pensarem em suas próprias condições – por exemplo, ao confrontarem a inevitabilidade da morte –, os humanos usaram seus crescentes recursos individuais e coletivos para inventar uma variedade de respostas, desde prescrições morais e princípios de justiça até modos de organização social e governança, manifestações artísticas e crenças religiosas", escreveu ele. [23]

Quando estamos tristes, é natural ficarmos pensando nas circunstâncias. Não por acaso, pesquisas demonstram que a depressão subclínica – aqueles quadros que ainda não são graves o suficiente para que seja diagnosticada a depressão, mas ruins o bastante para dizer que o sujeito não está bem – melhora a capacidade das pessoas de avaliar a si mesmas e o seu entorno.[24] Assim como as mudanças posturais devem ter trazido alguma vantagem para impedir agressões, essa maior tendência reflexiva ajuda na busca por eventuais soluções para os problemas. Na Grécia Antiga, já se fazia a associação entre certo grau de melancolia e a reflexão. Aristóteles acreditava que havia maior quantidade de bile negra no organismo dos colegas pensadores, bem como no de poetas e estadistas, que se destacavam em suas áreas. Essa negra (em grego, *mélas*) bile (*chole*) é que deu origem ao termo melancolia (*melancholía*) – o estado de espírito que deixa as pessoas com baixa energia, pensativas. Tal associação levou à valorização intelectual dos melancólicos ao longo da história, passando pela Renascença, quando se acreditava que os vapores dessa bile estimulavam o intelecto, e chegando até os dias de hoje.

Sim, até hoje. Preste atenção nos colunistas, formadores de opinião e até mesmo nos *influencers* que estão por aí. Sempre que desejam impressionar a audiência, transmitindo a sensação de que estão fazendo uma análise séria e profunda da situação, eles adotam um tom negativo. Tendemos a achar aquele que critica mais inteligente do que quem elogia. E, se queremos parecer espertos, também adotamos um tom mais negativo.

Na década de 1980, a psicóloga Teresa Amabile, mais conhecida por seus estudos sobre criatividade, testou formalmente a hipótese. Ela apresentou para um grupo de estudantes duas resenhas de livro escritas pela mesma pessoa – sem que os alunos soubessem disso – e publicadas no mesmo dia, com a diferença de que uma era negativa e a outra, positiva. O autor do artigo negativo foi classificado como mais inteligente, mais competente e mais preciso do que o colega simpático. Espantosamente, mesmo quando o artigo elogioso era considerado mais bem escrito, seu autor ainda assim era avaliado como menos inteligente.[25]

Anos depois, o psicólogo Bryan Gibson testou se o mesmo se dava em sentido oposto, ou seja, se entramos no modo ranzinza quando queremos parecer inteligentes. Ele disse para pouco mais de 100 voluntários que eles participariam de uma atividade cujo objetivo era avaliar quanto de suas características conseguiam transmitir numa interação com outra pessoa. Debateriam sobre um filme e atribuiriam notas para critérios como qualidade do roteiro, atuação e verossimilhança. Parte dos voluntários tinha a tarefa de mostrar como eram espertos; outra, como eram amáveis; e um grupo de controle só precisava debater, sem exibir nada em especial. Resultado: quem queria parecer esperto deu nota 20% menor para a qualidade do filme. E de fato os parceiros julgavam os mais críticos como mais inteligentes.[26]

Se externamente a expressão da tristeza pode nos proteger de agressões, por dentro ela nos torna mais pensativos e profundos. E essa mudança de atitude interna acaba transmitindo uma mensagem externa. Algo como "hoje estou reflexivo, não me venha com brincadeiras".

Luto, o remédio mais amargo

Batman é um dos mais sombrios heróis conhecidos pelo grande público. Chamado de O Cavaleiro das Trevas, nos anos 2000 ele foi novamente levado ao cinema, dessa vez numa trilogia dirigida pelo brilhante Christopher Nolan. Os três filmes mantiveram o clima soturno original, mas o terceiro trouxe um toque extra de crueldade: a transformação da esperança numa forma de tortura. Em determinado ponto do filme, Bruce Wayne, nome verdadeiro do homem-morcego, se encontra numa prisão subterrânea, da qual parece impossível escapar. Existe um poço que chega à superfície, mas é tão difícil de ser escalado que somente uma vez alguém conseguira fugir por ali – uma criança. A existência daquela saída mantinha os presos com esperança de um dia escapar, mas a dificuldade extrema de chegar lá só aumentava o seu sofrimento. Bane, o vilão do filme, explica para Wayne que é a esperança que torna aquele lugar a prisão mais infernal da Terra, e que seu plano é semear o desespero mais real nos cidadãos de Gotham City ao fazê-los acreditar que têm alguma chance. "Eu aprendi aqui que não pode haver desespero verdadeiro sem esperança. Então, enquanto aterrorizo Gotham, vou alimentar seu povo com a esperança para envenenar suas almas." Sombrio, não? Como disse Millôr Fernandes: "O desespero eu aguento. O que me apavora é essa esperança."

Lembra quando eu contei sobre a minha aflição com o choro dos bebês quando coletava sangue deles? Até essa sensação se alimenta de esperança. Eu me desesperava enquanto sentia que tinha de fazer algo para cessar aquelas súplicas penetrantes. Só ao abandonar a esperança de que aquele choro parasse eu conseguia a tranquilidade para completar a tarefa.

Paradoxalmente, uma das mais intensas formas de tristeza é o melhor remédio para esse desespero. Trata-se do luto, um amargo remédio para a angústia. O luto machuca e faz doer a alma, ativando regiões cerebrais associadas a estímulos dolorosos. Mas é um processo que nos possibilita seguir em frente a despeito da dor. É temerário falar em resolução ou superação do luto, já que se trata de uma perda que não será reposta, no entanto podemos falar em processo bem-sucedido quando as pessoas são capazes de se adaptar à nova realidade.

Os paleoantropólogos (cientistas que estudam como era a vida dos seres humanos muito antigos) dizem que um dos primeiros sinais de desenvolvimento cultural encontrados nos sítios arqueológicos é a presença de ritos fúnebres. Não é por acaso que em qualquer lugar em que surja uma sociedade existam também os rituais em torno da morte – eles são formas sofisticadas de nos ajudar na dolorosa despedida final. Por isso velórios são tão importantes – pessoas que, por qualquer motivo, não conseguem localizar e enterrar seus mortos têm muito mais chance de passar por um luto complicado (termo usado pelos profissionais para descrever o processo que se estende por mais tempo ou com mais intensidade do que o esperado, causando sofrimento exagerado). Sem um ritual de despedida, fica mais difícil colocar um ponto final naquele vínculo.

Porque o luto é isto mesmo, um excruciante ponto final. É a tristeza em sua expressão mais plena: rouba a energia, o prazer, turva as perspectivas, abafa a alegria. E ainda assim é bom que exista, pois é dessa maneira, em toda a sua plenitude, que a tristeza consegue nos ajudar a aceitar a perda, a nos resignarmos diante do inevitável. Primeiro ele nos afunda para depois podermos emergir. E embora automaticamente associemos o luto à perda de pessoas queridas, esse processo também é útil em muitas outras situações da nossa vida.

Certa vez fui convidado pela The School of Life, escola focada no desenvolvimento da inteligência emocional, a dar uma palestra sobre resiliência numa montadora de automóveis multinacional. O material da aula sugeria que eu fizesse com os presentes um "exercício de velório". Todos eram convidados a escrever, de forma anônima, algo que lamentavam nunca terem realizado até então. Em seguida, os papéis eram lidos, e as pessoas, estimuladas a enterrar aquele projeto de uma vez por todas. Parece pessimista, mas é libertador. Muita gente fica absolutamente estagnada em função de algo que perdeu. É o funcionário que gasta toda a sua energia boicotando um colega de trabalho que ganhou a promoção que ele queria ou o sujeito que não se acerta em nenhum relacionamento desde que foi deixado pela namorada que ele acreditava ser a mulher da sua vida – há mais de dez anos.

Ao longo do exercício, eu mesmo dei um exemplo: passei muito tempo ressentido por não ter ido para o exterior complementar minha formação. Demorei um pouco para engrenar na vida acadêmica, e quando isso aconteceu eu não queria sacrificar a carreira profissional, que já ia adiantada, para me aventurar em outro país. Percebi, na hora do exercício, que esse era um cadáver que eu ainda carregava nas costas. Naquele dia, finalmente o enterrei. Morreu, já era, não fui para o exterior, a oportunidade passou. Agora era seguir em frente. Enquanto não colocamos uma pedra em determinadas questões, elas permanecem em nossa mente roubando energia e dificultando a caminhada.

Claro, nem sempre é fácil baixar os caixões. Conversar aos sussurros com esses fantasmas não leva a nada, mas às vezes é difícil deixá-los ir. Embora sejam fantasiosas, essas conversas dão certo conforto, uma falsa sensação de que ainda há vida ali.

Ao comparar o cérebro de viúvas que passavam por lutos complicados ao de outras que atravessavam o luto normalmente, cientistas descobriram que, nos dois casos, memórias do marido falecido ativavam regiões cerebrais associadas à dor. Mas no caso daquelas que estavam com mais dificuldades de retomar a vida, as memórias ativavam também o centro de recompensa, como ocorre quando pensamos em alguém a quem estamos afetivamente ligados. O luto ia além da tristeza normal por se manterem apegadas demais a quem já se fora.[27]

Quando li essa pesquisa, eu me lembrei do caso de um amigo cujo irmão faleceu quando ambos já eram adultos. Algum tempo depois, ele me disse que sonhava frequentemente com o irmão, não conseguia se livrar daqueles sonhos. Até que, certa noite, sonhou que o irmão estava sentado no caixão, tentando se levantar, enquanto meu amigo insistia em colocá-lo de volta, explicando que ele estava morto, que precisava ser enterrado. Conversamos um pouco sobre aquela imagem, que me parecia revelar a dificuldade de meu amigo em enterrar de verdade o irmão, o que ele mesmo não havia percebido. Claro que não aconteceu uma cura psicanalítica relâmpago – ainda haveria um longo caminho até que ele conseguisse aceitar a perda –, mas ficou evidente que ele ainda não tinha tomado consciência de algo que inconscientemente sabia que precisava fazer – enterrar o irmão. Recebida a mensagem, os sonhos pararam. Agora era trabalhar a aceitação.

Aprender a lidar com o luto é difícil inclusive porque, de forma geral, trata-se de uma experiência esporádica. Ficamos tristes incontáveis vezes, mas sabemos exatamente por quantos lutos importantes passamos. Se essa raridade dificulta que nos acostumemos com o processo, por outro lado aponta para o fato de que temos poucas relações realmente especiais em nossa vida. Afinal, só sofremos por aquilo que amamos. O sofrimento tem essa outra utilidade, portanto. Embora eu ache que essa não seja uma finalidade pré-programada, ele nos indica o que realmente é importante para nós.

Saudade, banzo e nostalgia

A *saudade* funciona um pouco dessa maneira. Essa emoção tão universal – que nos parece ao mesmo tempo tão particular, já que praticamente só em português ela recebeu nome – indica o desejo de reaver algo que um dia tivemos e que nos foi tirado. "Toda saudade é a presença da ausência de alguém", canta Gilberto Gil. Como muitas emoções complexas, ela não é simplesmente positiva ou negativa, mas mistura a alegria das lembranças boas com o lamento pela separação. Penderá mais para o lado bom ou para o ruim dependendo de quanta esperança trouxer consigo. Quando conseguimos superar uma perda irreversível, a saudade passa a ter um quê de pensamento mágico: é o desejo de que fosse possível voltar no tempo, mesmo sabendo que não é. Sentida dessa forma, ela se aproxima da *nostalgia*, que pode ser bem útil emocionalmente.[28] Por outro lado, quando se alimenta o sonho distante de recuperar o que se perdeu, esse anseio pode se tornar sofrido – e a saudade fica mais perto do *banzo*.

O primeiro registro da palavra "banzo" data do século XVIII, num comunicado à Real Academia de Ciências de Lisboa. Ele é descrito como uma moléstia crônica que afligia os africanos trazidos para o Brasil para serem escravizados, frequentemente fatal, já que era considerada "uma paixão da alma, a que [as pessoas escravizadas] se entregam, que só é extinta com a morte".[29] Obviamente, os maus-tratos e as condições desumanas a que as pessoas escravizadas eram submetidas seriam suficientes para deixá-las melancólicas a ponto de desistirem de viver, mas o peso da distância do lar não pode ser subestimado. Esse tipo de luto é mais difícil, uma vez que a terra natal não deixa de existir e mantém acesa na pessoa a torturante esperança de um dia regressar. Essa ligação com a terra natal é tão importante para o ser humano que diversos povos dominados deram-se ao trabalho de nomeá-la: *hiraeth*, em galês; *tizita*, em etíope; *cianalas*, em gaélico; *morriñas*, em galego.

Abrir mão dessa esperança é uma forma de levar a saudade do lado negativo para o lado positivo, afastando-a do banzo e aproximando-a da nostalgia – menos dolorosa e mais útil. Livrar-se de uma esperança vã transforma as lamúrias pelo que perdemos em alegria pelo que tivemos. Guardadas as devidas proporções, é como o sentimento de uma adolescente apaixonada por um ator de Hollywood – ela sabe muito bem que não deverá chegar sequer perto do seu ídolo, mas isso não a impede de curtir sua paixão. Aliás, é até mais fácil se apaixonar por alguém que está longe, pois, quando existe uma chance real de nos envolvermos com a pessoa, sofremos até descobrir se conseguiremos de fato conquistá-la.

Ao resgatar memórias sociais relevantes para nós, a nostalgia traz a sensação de continuidade da vida, mostrando que nosso presente está ligado a nosso passado – e essa percepção de coesão, ainda que nostálgica, nos dá uma noção de pertencimento, fortalecendo vínculos sociais e promovendo o bem-estar psicológico.[30, 31, 32]

Alarmes incômodos

Se a tristeza e suas emoções vizinhas trazem tantas vantagens, por que tentamos tanto nos livrar delas? Em vez de insistirem para ficarmos felizes, deveria haver pilhas de livros nos estimulando a ficar tristes, melancólicos, nostálgicos. Claro que isso não acontece – pelo simples fato de que essas emoções são negativas. Elas existem para incomodar, e é por isso que nos sentimos mal quando elas aparecem. Vender fórmulas para que se tenha uma vida livre delas, portanto, tem bastante apelo: quem escolheria a dor em vez do alívio?

Não se deixe iludir: trata-se de propaganda enganosa. Primeiro porque essas emoções fazem parte da vida, ao menos de uma vida completa, com experiências ricas e profundas. Ou seja, é impossível viver de verdade sem experimentar emoções negativas. E, por mais que fosse desejável, não seria bom.

Na época da faculdade de Medicina, um dos lugares mais desagradáveis em que tive de estagiar foram as Unidades de Terapia Intensiva, as famosas UTIs. Os pacientes ficam o tempo todo monitorados por aparelhos que registram diversos sinais vitais, como pressão arterial, pulso, respiração, temperatura. Dada a situação crítica dos pacientes, é importante fazer essas verificações o tempo todo, avisando quando algo não estiver indo bem. Para isso, os aparelhos têm alarmes que disparam quando a pressão cai, o pulso desacelera, a quantidade de oxigênio no sangue diminui e assim por diante. E, como em uma UTI os casos sempre são graves, esses alarmes estão o tempo todo disparando, o que torna esse ambiente tão irritante: alarmes existem para nos incomodar até que resolvamos a situação. Para evitar esse incômodo, bastaria desligar todos os alarmes dos aparelhos da UTI. O ambiente ficaria muito mais agradável, mas pense em como seria arriscado se não houvesse um aviso quando os pacientes piorassem.

Silenciar as emoções negativas seria como desativar vários de nossos alarmes interiores. A vida seria mais agradável temporariamente, mas ficaria muito mais difícil saber quando agir para corrigir algo que não estivesse indo bem.

Esteja atento ao que dispara a tristeza:

- Expectativas frustradas
- Ameaças inescapáveis
- Perdas inevitáveis

O lado bom da tristeza:

- Produz maior capacidade reflexiva
- Um pouco de mau humor faz parecer inteligente
- Melhora a capacidade de discernimento entre verdade e mentira
- Ajuda a produzir argumentos mais convincentes
- Diminui a agressividade alheia
- Reduz nossa energia para brigar
- Mostra o que é de fato importante

Cuidado com o excesso de tristeza:

- Quando a tristeza se estende por semanas, ficando tão intensa a ponto de atrapalhar o dia a dia, pode indicar depressão.

Medo

Precisamos da nossa paranoia para continuarmos vivos.
— Lauren Oya Olamina, personagem do livro
A parábola do semeador, de Octavia E. Butler

Medo e prazer

Uma das casas mal-assombradas mais assustadoras do mundo fica na Pensilvânia, numa cidadezinha chamada Etna, não muito longe de Pittsburgh. Numa construção antiga que sediou um banco, hoje funciona a ScareHouse, onde o público paga para sentir medo. Muito medo.

A atração mais famosa da casa é chamada The Basement (O Porão). Se nas outras salas as pessoas se assustam, no Porão o terror é levado ao ponto mais extremo em que ainda pode ser considerado entretenimento. Entram no máximo dois adultos por vez, e eles são submetidos a diversas experiências assustadoras. São separados à força e obrigados a tentar se encontrar; amarrados a camas; encapuzados; ameaçados; levam choques. Em certos momentos têm que falar em público; em outros, atores fantasiados tocam neles de forma ameaçadora. E, por incrível que pareça, no fim das contas as pessoas se divertem.

A mente por trás dessa máquina de terror é a socióloga Margee Kerr, cuja pesquisa sobre o medo é usada para embasar o que há de mais assustador para o ser humano. Ela já sabia o que nos atemorizava, mas, desde que se juntou a outros cientistas da Universidade de Pittsburgh para realizar eletroencefalogramas (EEGs) nos participantes de seus estudos, agora ela sabe também por que tanta gente gosta de se assustar de propósito. Em 2018, eles publicaram os resultados do trabalho com 262 voluntários em quem, além do EEG, realizaram diversos testes psicológicos antes e depois de atravessar o tal Porão.[33]

Pode ser contraditório, mas a experiência tem um efeito calmante – depois de passar tanto medo, as preocupações do dia a dia parecem menores. Sabe aquela sensação que temos quando resolvemos sair da piscina porque estamos com frio, mas o vento gela a nossa pele e então corremos de volta para a água, que agora parece até agradável? É mais ou menos a mesma coisa. As pessoas que estavam mais estressadas ou entediadas foram as que tiveram impacto mais positivo no seu estado emocional. Uma comparação entre os testes antes e depois do experimento demonstrou redução na atividade das ondas cerebrais semelhante à redução de quando meditamos, deixando o cérebro menos conectado com estressores ambientais.

Se não houvesse outra evidência de um lado bom do medo e da ansiedade, só o volume de dinheiro movimentado por essa indústria – dos parques de diversões aos filmes de terror, das festas de Halloween aos seriados de zumbis – já seria um indicativo de que há algo positivo por trás desse desconforto. Como prova a experiência do The Basement, entrar em contato com o que nos assusta num ambiente protegido, no mundo do "faz de conta", pode ser uma forma de aprendermos a lidar com ameaças desse tipo. Do mesmo modo que os contos de fada ajudam as crianças a entrar em contato com medos infantis, o medo ancestral que temos de morrer, de sermos atacados por tribos rivais, de virarmos alimentos de predadores, aparece em histórias de mortos-vivos, vampiros e outros seres assustadores.

Um dos neurocientistas mais influentes de todos os tempos, o americano Paul MacLean é famoso por sua teoria do cérebro trino, que divide as estruturas cerebrais em três estágios evolutivos:

1. O cérebro reptiliano, composto por estruturas encontradas no cérebro desde os primeiros répteis, responsáveis basicamente por comportamentos instintivos;

2. O cérebro dos primeiros mamíferos (chamado "cérebro paleomamífero"), constituído pelo lobo límbico, responsável pelas emoções (é por isso que os pets mamíferos são mais populares que os não mamíferos, como iguanas, cobras e peixes: bichos que só têm o componente reptiliano não estabelecem a mesma conexão emocional com seus donos);

3. O cérebro dos mamíferos mais modernos ("cérebro neomamífero"), presente em primatas e nos humanos, que determina a capacidade de raciocínio abstrato, linguagem, planejamento.

Uma descoberta menos conhecida de MacLean é de que as regiões do cérebro que são ativadas quando se sente medo e prazer são muito próximas.[34] Muitos de seus estudos foram feitos a partir da estimulação elétrica de diferentes regiões cerebrais de macacos. Ele instalava o eletrodo numa área, aplicava o estímulo e anotava as reações observadas. Foi assim que descobriu áreas especificamente associadas ao prazer que, quando ativadas, provocavam ereções penianas, por exemplo. Numa dessas experiências, notou, após mover o eletrodo apenas poucos milímetros, que muito perto da região associada ao prazer estava uma área que, quando acionada, produzia reações de medo nas cobaias. Concluiu então que a propagação dos impulsos neurais de uma área para as regiões vizinhas explicaria o tal prazer que tantas vezes vem com o medo. Lembra o círculo das emoções? Nele, vimos como muitas vezes nossas sensações se misturam e se sobrepõem ao passarmos de um estado emocional para outro. Essa proximidade topográfica dentro de nossa cabeça é também uma das razões para os confusos "sentimentos contraditórios" (*mixed feelings*). Tem gente que chega a ficar viciada no prazer que a adrenalina provoca.

O filme *Guerra ao terror*, que levou o Oscar de melhor filme em 2010 e deu à diretora, Kathryn Bigelow, o primeiro Oscar de melhor direção conquistado por uma mulher, tem uma cena marcante na qual o medo desempenha papel central. O regimento americano está às vésperas de voltar para casa quando, sem que haja real necessidade, um soldado especialista em explosivos decide invadir um vilarejo em busca de terroristas. As coisas não correm bem, e sua decisão coloca em risco a vida dos colegas que ele levara consigo. No final da empreitada, um dos companheiros fica indignado com a atitude dele, acusando-o de quase matar os amigos por causa de seu vício em adrenalina.

Ele de fato buscava tanto essa excitação que não conseguia ficar longe da guerra, mesmo após cumprir seu tempo de serviço.

A maioria de nós não chega a tanto, claro – não são muitos os que se aventuram numa atração como The Basement, e pouquíssimos buscam tanta emoção como um soldado de esquadrão antibombas. Mas todos nos sentimos instigados pelo medo. Dois importantes teóricos da psicologia que se debruçaram sobre as emoções, William James e William McDougall, notaram a proximidade entre medo e curiosidade.[35] Trabalhando separadamente, ambos a ilustraram descrevendo o comportamento de animais (James fala sobre um jacaré; McDougall, sobre um cavalo) que se aproximavam com curiosidade das pessoas, chegando cada vez mais perto, mas recuando apressadamente ao menor movimento delas. E este é mais um segredo do sucesso dos filmes de terror e suspense: essas obras instigam a curiosidade a partir do momento em que nos mantém amedrontados "de brincadeira", fisgando a nossa atenção.

Coração acelerado

A ansiedade não se resume ao medo. Antes disso, é o estado emocional de fundo para várias outras que habitam sua vizinhança no círculo das emoções, como preocupação, apreensão, inquietude, receio – todas decorrentes de eventos futuros que não gostaríamos que acontecessem. Ao contrário do medo, que tem um objeto específico, a ansiedade é uma sensação vaga causada pela possibilidade de ameaças futuras sobre a qual não temos controle.[36] Claro que também podemos ficar ansiosos por coisas boas que desejamos. A expectativa de uma viagem ou um evento importante, a possibilidade de conquistar algo, tudo isso pode levar nossa mente a focar com tanta intensidade no futuro que acabamos ansiosos – principalmente quando há o sentimento de menos controle sobre a situação. E também existe a ansiedade ligada ao passado – como no transtorno do estresse pós-traumático – e até mesmo a ansiedade presente, que podemos chamar de estresse, para simplificar.

Originalmente, a palavra "estresse" era utilizada em engenharia ou física e se referia ao desgaste sofrido pelos materiais em função de pressões externas. Com o tempo, o conceito passou a se referir também às alterações que algumas pressões causam nos seres vivos. Qualquer situação que exija adaptação ou mudança leva a uma reação de estresse. Grandes mudanças, maior estresse. Pressões intensas, maior estresse. Mas, apesar da má fama que adquiriu nas últimas décadas, o estresse tem um lado muito bom que nem sempre aproveitamos.

Há mais de um século, em 1908, os psicólogos Robert M. Yerkes e John Dillingham Dodson descobriram como o estresse pode turbinar a performance. Eles colocaram ratos numa caixa com duas portas, uma levando a uma área escura e outra, a uma área clara. Quando as cobaias entravam na área escura, tomavam um choque, o que não acontecia na área clara. Os cientistas queriam verificar quanto tempo os animais demorariam para aprender a escolher a porta certa. Eles notaram que, quando o contraste claro-escuro que diferenciava as duas regiões era bastante evidente, quanto mais forte o choque, mais rapidamente as cobaias aprendiam. Porém, na caixa em que essa diferença era mais sutil, dificultando a distinção entre as áreas, aumentar o choque ajudava até certo ponto, mas a partir de determinada intensidade as cobaias passavam novamente a demorar mais para aprender o caminho certo. Criaram então a lei de Yerkes-Dodson, segundo a qual certo aumento do estresse ajuda a melhorar o desempenho de forma geral até passar do ponto ideal, quando começa a atrapalhar a realização de tarefas complexas.[37]

Não sei como eram as escolas na época de Yerkes e Dodson, mas eu sentia na pele a lei que eles descobriram, sem fazer experiência com ratos – bastaram as provas bimestrais ao longo dos meus anos escolares. Se eu não me preocupasse nem um pouco com a prova, achando que eram favas contadas, certamente a nota seria mais baixa do que o esperado. Por outro lado, se ficasse estressado demais, claro que não iria bem.

Quase cem anos depois, um trabalho reuniu todas as pesquisas que conseguiu encontrar relacionando o nível de hormônios do estresse com a memória em humanos, e mostrou que os ratos e eu estávamos certos: doses mais elevadas desses hormônios aumentam a intensidade do estado de alerta, melhorando a memória... mas só até certo ponto – a partir daí, a memória piora.[38] O estresse não é apenas um vilão – tudo é uma questão de dose.

Veja o caso do trabalho. Uma das queixas mais comuns das pessoas é que seu trabalho é estressante. Costumamos pôr a culpa em metas, prazos, pressões, cobrança, pois tudo isso traz uma carga emocional que pode ser desgastante. Mas tais fatores sozinhos não bastam para causar reações evidentes de estresse: em meados do século passado foi demonstrado que para isso acontecer a situação geralmente é nova, imprevisível ou fora do controle. Ou seja, o trabalho nem sempre é tão culpado assim.

Como se não bastasse, um estudo feito nos Estados Unidos provou que a reação que temos por causa dessas pressões do mundo profissional, à qual chamamos genericamente de estresse, pode ser muito mais benéfica do que prejudicial.

Analisando dados de mais de 2 mil homens ao longo de sete anos, cientistas americanos tomaram nota de quanta pressão eles sofriam no emprego. Ao mesmo tempo, fizeram um levantamento de quanta autonomia esses homens sentiam ter – qual grau de controle exerciam sobre suas tarefas. O resultado das análises mostrou que, quando a pessoa tinha pouca sensação de controle, a existência de muitos prazos apertados, metas e sobrecarga aumentava o risco de morte em 15,4%. Mas a surpresa foi descobrir que, se os funcionários gozavam de mais flexibilidade para decisões, ou seja, quando se sentiam mais no controle, a presença dos mesmos fatores estava associada não ao aumento, mas a uma *redução* de 34% no risco de morte.[39]

Ou seja, o que chamamos de estresse não só pode melhorar nosso desempenho no trabalho como aumentar nossa expectativa de vida. Mesmo quando o organismo está de fato estressado – atestado pelas alterações fisiológicas –, ele ainda pode ser beneficiado. Desde que evitemos o exagero.

A proposta deste livro é mostrar como o lado ruim da nossa vida emocional tem um lado bom, proveitoso – e que não faz sentido se revoltar contra as emoções negativas ou querer eliminá-las. No caso da ansiedade é ainda mais importante entender isso, porque nós nos preocupamos tanto com o estresse que ficamos estressados quando achamos que estamos estressados – o que pode ser fatal. Uma pesquisa com quase 30 mil americanos demonstrou que um terço das pessoas acha que o estresse é prejudicial à saúde. Até aí, nada de mais. Mesmo porque foi constatado que, de fato, a presença de estresse estava associada a piores índices de saúde física e mental. O problema é que a mera preocupação com o estresse também fazia mal – mesmo para quem *não* estava estressado. E o pior dos mundos era quando as pessoas estavam estressadas *e* preocupadas com o estresse – nesses casos, o risco de mortalidade precoce aumentava 43%.[40] Mesmo que não seja possível se livrar do estresse, parar de se preocupar com ele já pode ser um bom começo.

Mais do que isso, podemos ir além e nos forçar a interpretar nossas reações físicas diante de situações ameaçadoras como sinais positivos, não negativos. O número de emoções que existem é enorme, mas o repertório de reações físicas é limitado: o coração, por exemplo, acelera da mesma forma num assalto, numa relação sexual ou quando se sobe uma escada. Isso pode levar a interpretações equivocadas das reações fisiológicas.

No meu livro *Pílulas de bem-estar*, eu cito uma experiência muito divertida sobre isso: voluntários tiveram que andar até o meio de uma ponte e responder a uma pesquisa. Metade dos homens foi colocada numa ponte bamba, que lhes dava a sensação de queda iminente; a outra parte ficou numa ponte fixa. No meio das duas pontes eles encontravam uma entrevistadora bonita, que dava seu telefone aos rapazes dos dois grupos e dizia estar disponível naquela noite para discutir a pesquisa. No fim do dia, metade dos homens que estavam na ponte bamba ao responder à pesquisa ligaram para a moça, ao passo que apenas 12,5% dos outros tomaram a mesma iniciativa. Por quê? Porque sentir o coração disparado diante da mulher os fez confundir as emoções.[41]

A professora de negociação Alison Wood Brooks aprendeu – e hoje ensina – a explorar essa confusão do cérebro a nosso favor. Num trabalho que publicou em 2014, ela resolveu testar se era útil – ou possível – seguir o famoso slogan "*Keep calm and carry on*" ("Mantenha a calma e siga em frente"), que era um verdadeiro mantra nos anos 2010. Brooks convidou alunos para atividades naturalmente estressantes – como cantar num caraoquê diante de estranhos ou fazer um teste de matemática que pagava por acertos, mas descontava dinheiro pelos erros. Antes de cantar, os alunos foram divididos em três grupos: o primeiro grupo tinha que dizer "Estou ansioso" ao microfone; o segundo, "Estou animado"; e o terceiro não precisava falar nada. Em média, a precisão no desempenho calculada pelo software do próprio caraoquê foi de 69,27% nesse último grupo, mas caiu para 52,98% entre os que tomaram consciência da própria ansiedade.

Os sortudos que enganaram o cérebro, dizendo que estavam animados, além de se sentirem melhor (já que a animação é uma emoção positiva, ao contrário da ansiedade), tiveram uma impressionante média de 80,52%. Para aumentar a pressão, Brooks disse que pagaria aos voluntários de acordo com a nota que recebessem – como se apenas cantar em público não fosse pressão suficiente. Esses resultados se repetiram no teste de matemática, com a diferença de que nesse caso a ansiedade era provocada ao se dizer aos voluntários que se tratava de um teste de QI, que não só era difícil como penalizaria financeiramente cada erro cometido. Antes do teste eles liam uma das seguintes frases: "Tente se manter calmo", "Espere um momento" ou "Tente ficar animado". Este último grupo teve uma sensação mais agradável ao longo da prova e apresentou resultados 20% melhores – mesmo que o coração deles estivesse tão acelerado quanto o dos colegas.[42]

Às vezes, mais do que aceitar nossas reações, podemos tirar proveito delas.

Alarmes falsos

Não nascemos com medo de tudo. Na verdade, a total dependência dos pais faz com que os recém-nascidos tenham apenas um medo: perder essa proteção. Não surpreende que o medo da separação seja o primeiro a surgir. Mas, assim que aprendemos a engatinhar, ficamos sujeitos a outros perigos, pois iniciamos a exploração do ambiente. É nessa idade que aparece o medo de cair de lugares altos. Quem já conviveu com crianças pequenas sabe que chega um momento em que elas começam a ter medo de estranhos – justamente quando ganham mais independência na locomoção e são capazes de sair por aí sozinhas.[43]

Em 1960, os psicólogos Eleanor J. Gibson e Richard D. Walk, da Universidade Cornell, bolaram um experimento bastante criativo para estudar o desenvolvimento da percepção visual em crianças.[44] Eles criaram uma plataforma de acrílico com 1,20m de altura, metade pintada com um padrão quadriculado, metade transparente – sob essa metade, os bebês podiam ver, lá de cima, o mesmo padrão quadriculado (ver figura a seguir). As crianças eram deixadas para engatinhar livremente sobre a plataforma, e as mães ficavam do lado transparente chamando-as para ver se teriam coragem de andar sobre a parte transparente. A maioria dos bebês com idades entre 6 e 14 meses não se arriscou. Ficaram parados, chorando ou correram para o outro lado. Os cientistas acreditaram que isso provava que o medo de altura era inato, mas quando bebês mais novos, ainda incapazes de engatinhar, eram colocados diretamente sobre a parte transparente, eles não só não ficavam assustados como apresentavam desaceleração da frequência cardíaca.

Essa experiência rendeu frutos e, num desdobramento posterior, pesquisadores testaram o efeito em uma caixa mais baixa, com bebês de 1 ano colocados a uma altura de pouco mais de 70 centímetros. Tudo dependia da cara que as mães faziam do outro lado. Se elas sorrissem e parecessem interessadas, as crianças seguiam em frente. Mas, mesmo sem dizer nada, quando elas mantinham uma expressão de medo, as crianças se recusavam a se arriscar sobre o desnível. A história de que sabemos que estamos entrando numa fria só de olhar para nossa mãe nunca foi tão verdadeira.

E assim caminha o avanço da nossa ansiedade. Há medos que só desenvolvemos quando nos ensinam que algo é perigoso. Isso acontece até com nossos primos primatas. Macacos de laboratório, por exemplo, não têm medo de cobras. Mas, então, por que os macacos fogem delas na natureza? Eles *aprendem* que elas são perigosas. Na década de 1980, os cientistas Susan Mineka e Michael Cook testaram essa hipótese, apresentando para macacos criados longe das selvas a reação de pavor de outros macacos ao ver uma cobra.[45] Observar essa reação até mesmo por um monitor de TV bastou para que eles passassem a agir da mesma forma. Eles aprenderam a ter medo. Mas isso não acontecia com qualquer coisa – os cientistas fizeram uma montagem em que parecia que os macacos ficavam apavorados quando avistavam flores, mas dessa vez os colegas de laboratório não desenvolveram o mesmo medo. Há um aparato que nos predispõe a reagir a determinadas ameaças, mas não a todas, e que precisa ser ativado pelo ambiente. Claro que isso é uma grande vantagem.

Do ponto de vista evolutivo, nada pode ser melhor do que alguém ansioso. Imagine um homem das cavernas que não conhecesse o medo. Com sua ousadia ele defendia a tribo, enfrentava as ameaças, desdenhava dos perigos – e morria cedo. Por outro lado, pense no oposto, o antepassado que corria para se esconder ao menor barulho. Ele podia até não se destacar entre sua comunidade, mas sobrevivia por mais tempo, aumentando as chances de passar adiante seus genes medrosos. Como sempre, os extremos são prejudiciais – um morre assim que começa a engatinhar, outro se assusta tanto que nunca sai do fundo da caverna, o que atrapalha as chances de sucesso reprodutivo de ambos. Mas é certo que um pouco mais de medo tende a ser a opção mais segura, desequilibrando a balança a favor da ansiedade – alarmes que disparam sem necessidade incomodam, mas alarmes que não disparam quando deveriam são fatais. A evolução peca pelo excesso, fazendo de nós descendentes de ansiosos.

Os transtornos de ansiedade – problemas médicos decorrentes da ansiedade patologicamente alta – são um preço que pagamos por isso. Por termos nossos sistemas de alerta ajustados para um limite de tolerância mais baixo – ou seja, disparando diante de estímulos menores –, ficamos vulneráveis a descontroles do sistema como um todo. A síndrome do pânico, por exemplo, ocorre quando a reação de luta ou fuga entra em atividade de forma espontânea, sem que a pessoa esteja diante de uma ameaça real. Ao sentir o coração acelerado, a respiração ofegante, e muitas vezes tontura, o paciente acredita que está sofrendo um ataque cardíaco e corre para o pronto-socorro. Esse disparo equivocado é em grande parte consequência de um alarme muito sensível.

Embora, do ponto de vista do indivíduo, esses transtornos sejam um problema, para as pequenas comunidades de nossos ancestrais podem ter sido úteis. Em um grande estudo de revisão da literatura médica sobre o tema, o psiquiatra sueco Mats Humble sugere que aqueles que se assustam mais facilmente do que os outros podem ter tido grande valor para grupamentos que viviam em ambientes cercados de perigos.[46] Os medrosos exageram, mas por isso mesmo funcionam um pouco como os detectores de fumaça: a gente sabe que nem sempre que disparam é porque há um incêndio, mas dormimos mais tranquilos sabendo que não há possibilidade de um incêndio real passar despercebido.

Além das reações fisiológicas clássicas que preparam o organismo para lutar ou fugir – como o coração acelerado, a respiração rápida e a tensão muscular –, dependendo do contexto e da intensidade da reação, a pessoa pode adotar uma postura de submissão ou até ficar paralisada. Lembra-se do personagem Chaves, que, quando levava um susto muito grande, ficava paralisado de um jeito bizarro? É mais ou menos assim (menos a parte do jeito bizarro). Na impossibilidade de lutar e sendo incapaz de fugir, às vezes resta ao animal ficar o mais quieto possível, despistando o predador, ou demonstrar submissão no caso de uma disputa. A ansiedade está o tempo todo tentando nos fazer evitar os perigos.

Essa sensação de insegurança, tão condenada no mundo corporativo, é uma poderosa aliada para os executivos e os projetos que conduzem. Muitas vezes não é ela que atrapalha as equipes, e sim a falta dela. Ganhador do Prêmio Nobel de Economia por suas pesquisas sobre tomada de decisão, o psicólogo Daniel Kahneman afirma que, se tivesse uma varinha mágica com a qual pudesse eliminar um só viés em nosso cérebro, eliminaria o excesso de autoconfiança.[47]

Todos trazemos no cérebro atalhos para tomar decisões de forma mais rápida e eficiente – os pesquisadores chamam isso de heurística. Esses atalhos até que funcionam bem em contextos simples, que exigem decisões com impactos a curto prazo. No entanto, essa simplificação dá origem aos vieses, que são desvios no raciocínio que ocorrem sistematicamente, levando a decisões irracionais. O excesso de autoconfiança é um desses vieses: uma tendência quase inevitável de superestimarmos a precisão de nossas opiniões. Falta um quê de insegurança. Este é um defeito que todos trazemos de fábrica: quanto menos sabemos de algum assunto, menos somos capazes de avaliar o tamanho da nossa ignorância. Com isso achamos que sabemos mais do que os outros. Os psicólogos David Dunning e Justin Kruger investigaram esse fenômeno e descobriram que a melhor maneira de enfrentá-lo é estudando.[48] Quanto mais estudamos, mais ficamos inseguros, pois passamos a saber o abismo de nosso conhecimento real.

Para contornar o excesso de autoconfiança, o psicólogo Gary Klein – que, por defender o pensamento intuitivo, tornou-se opositor intelectual de Daniel Kahneman (mas com quem desenvolveu uma prolífica parceria, publicando um trabalho chamado "Uma incapacidade de discordar", em tradução livre[49]) – desenvolveu um trabalho com empresas chamado de "Exame Pre-mortem". Ao contrário dos exames post-mortem, nos quais os médicos procuram entender o que levou o paciente à morte, Klein estimula os executivos a fazer um exercício radical antes de iniciarem um projeto. Eles precisam imaginar que o plano foi lançado e, um ano depois, fracassou totalmente. A partir daí, todos devem pensar nos porquês do fracasso. Estimuladas pelo frio na barriga causado pelo fato de que algo deu errado – mesmo que no mundo do faz de conta –, as pessoas têm mais clareza para apontar – previamente – os potenciais problemas do projeto.[50]

Quem acha que tudo vai sempre dar certo e aponta que falta autoconfiança nos que discordam, na verdade tem falta de "autodesconfiança".

Medo dos outros

Mesmo quem não sabe nada sobre os vikings, como eu, pelo menos já ouviu falar que eles eram bravos guerreiros, corajosos, que se sentiam honrados por perder a vida nas batalhas. Parece que o medo não tinha lugar na vida desse povo. Mas, segundo o historiador Theodore Zeldin, essa coragem toda era na verdade fruto de um grande medo: o da vergonha.

No livro *Uma história íntima da humanidade*, Zeldin cita uma passagem das escrituras religiosas em que o deus Odin afirma que "O rico morre,/ Os parentes morrem/ E você morrerá também;/ Mas eu conheço uma coisa/ Que jamais morrerá:/ O veredicto sobre o morto".[51] Perder a reputação ou macular a própria memória era tão assustador para os vikings que morrer nas batalhas deixava de ser um perigo para se tornar uma estratégia. Nunca o medo criou gente tão corajosa. Embora hoje a desonra e o vexame ainda nos amedrontem, não vemos mais no sacrifício pessoal um meio de combater essa ameaça. Nossa fuga tem sido cada vez mais tentar transmitir a aparência de vencedor, sinalizar um status superior. Numa sociedade em que as pessoas se conhecem cada vez menos, pode ser difícil obter a sensação de ser aceito, de pertencer a um grupo. O medo de ficar isolado faz a fortuna das redes sociais.

Por outro lado, como bem sabem os tímidos, a vergonha é uma emoção que não parece nem um pouco útil – ao menos para quem não é viking. Quando somos tomados por uma onda de constrangimento, parecemos tudo, menos corajosos. A bem da verdade, a importância de manter uma boa reputação não é um fenômeno moderno, tampouco começou com os vikings. Quando nossos antepassados viviam de caverna em caverna atrás de abrigo, procurando encontrar – e não se tornar – comida, pertencer a um grupo era questão de sobrevivência. Ficar isolado era praticamente o mesmo que ser condenado à morte. Desenvolvemos então uma grande sensibilidade com relação à avaliação dos outros, o que é bastante proveitoso para regular nosso comportamento social. Mas, como já vimos, a sensibilidade muito intensa às vezes tem um efeito negativo, como é o caso das pessoas extremamente tímidas. De tanto se preocupar em ficar bem diante dos outros, acabam tendo um comportamento que não ajuda nem um pouco.

Como nos ensina a professora Alison Wood Brooks, uma das maneiras de usar a ansiedade social a nosso favor é reinterpretar os sinais do corpo. Ao sentir o coração disparar quando temos que falar com alguém, é interessante dizer para nós mesmos: "Puxa, como estou animado, a conversa será boa." Outra dica é aproveitar o fato de que essa ativação excessiva torna nosso radar mais sensível para perceber os outros e escolher melhor para onde olhamos.

Uma pesquisa feita na China em 2015 mostrou que, quando precisam falar em público, as pessoas que sofrem com ansiedade social tendem a olhar mais para os membros da plateia que estão reagindo negativamente, o que só faz aumentar o mal-

-estar.[52] É muito melhor seguir o conselho de Chris Anderson, organizador mundial das palestras do TED Talks: assim que começar a falar, identifique pessoas que pareçam amigáveis na plateia, que aparentem estar aprovando o que estão ouvindo, e mantenha os olhos nelas.[53]

Se o isolamento nos aflige, a interação contínua com desconhecidos também pode ser desconfortável. De acordo com nossa história evolutiva, tão perigosa quanto o isolamento era a interação com desconhecidos. Tribos rivais nem sempre eram amistosas entre si, afinal, e poderia não haver comida para todos. A evolução ajustou nossa ansiedade ideal num ponto intermediário em que tememos ficar sozinhos, mas não gostamos muito de estranhos. Quando estamos entre desconhecidos, prontamente nos colocamos a monitorar o comportamento alheio, tentando adivinhar as intenções de todos ao redor, sobretudo as possíveis más intenções, ativando o sensor para qualquer sinal de ameaça.

Não é muito difícil perceber por que essas características são importantes no trato social.[54] Elas não incomodam tanto no dia a dia porque – a não ser que seja necessário passar por isso profissionalmente, como no caso dos taxistas, por exemplo – usualmente não somos obrigados a interagir com pessoas desconhecidas o tempo todo.

Claro que é um estereótipo, mas, quando temos que pensar numa figura que represente o grupo dos taxistas, imediatamente nos vem à cabeça a imagem do motorista meio paranoico. Aquele que mantém conversas inflamadas, defendendo a existência de motivações escusas por trás de cada notícia, enxergando interesses ocultos em todas as decisões políticas e assim por diante. Eles dizem que rodam muito e conversam com muita gente, e por isso acham que são capazes de enxergar os padrões e estabelecer conexões que outros não conseguem. Esse já é um personagem clássico, incorporado na cultura mundial – dois grandes exemplos de taxistas paranoicos no cinema são Travis Bickle, personagem de Robert De Niro em *Taxi Driver*, de 1976, e Jerry Fletcher, papel de Mel Gibson em *Teoria da conspiração*, de 1997.

Trata-se de um exagero – como em qualquer grupo profissional, os motoristas de praça reúnem personalidades variadas. Mas um pouco de paranoia pode ser mesmo muito bem-vinda para eles. Não é que o fato de estarem o tempo todo com gente nova lhes dê uma visão do todo que nós não temos. O que acontece é que essa convivência os força a desenvolver estratégias para se proteger diante da interação contínua com estranhos – algo para o qual nosso cérebro não foi programado. Nas pequenas tribos em que o ser humano evoluiu, estávamos quase sempre com as mesmas pessoas, portanto desconhecidos eram potencialmente perigosos. O que estão pensando? Estarão bem-intencionados? Desse ponto de vista, o trabalho desses motoristas é extremamente antinatural. A paranoia – enxergar além, antecipar ameaças, localizar perseguidores – é quase uma reação natural.

Ajustando o alarme

Em seu mais recente trabalho sobre o papel da emoção em nossa vida, António Damásio afirma que "o valor do conhecimento que os sentimentos fornecem ao organismo onde ocorrem é provavelmente a razão pela qual a evolução deu um jeito de mantê-los. (...) Sentimentos influenciam o processo mental a partir de dentro e são imperiosos em virtude de (...) sua capacidade de sacudir e alertar o possuidor do sentimento e forçar sua atenção para a situação".[55] No caso da ansiedade, isso é especialmente verdadeiro: as informações que ela nos traz são muito valorosas, e sua sirene é das mais barulhentas que trazemos instaladas. Se esses alarmes estão até hoje de prontidão para disparar, com certeza é porque nos ajudaram muito ao longo da evolução – e podem continuar nos ajudando.

O maior problema que eles têm chance de causar vem da grande vantagem da ansiedade sobre a tristeza. Ao contrário desta última, cujo alarme dispara *depois* que algo aconteceu, a ansiedade *se antecipa* ao problema na tentativa de evitar que ele ocorra. Como não podemos mudar o passado, nossa única alternativa com relação à tristeza é lidar com a própria emoção. Já no caso da ansiedade, é possível buscar alívio fugindo das situações em que ela é disparada.

Se temos medo de falar em público, começamos a evitar situações de exposição. Se o receio é de ambientes abertos, passamos a ficar mais em casa. As cobranças nos deixam ansiosos? Então ficamos recolhidos em nossa zona de conforto. E, de fuga em fuga, o medo, com a melhor das intenções, pode ir aos poucos tornando nossa vida cada vez mais restrita.

Nosso objetivo tem que ser manter o ajuste intermediário desse poderoso alarme, para que ele continue nos protegendo sem nos impedir de viver. Caso contrário, ficaremos como nosso antepassado medroso, o troglodita que não saía do fundo da caverna. Ele ficou bem protegido, não morreu tão cedo. Mas a vida que levou, preso na escuridão e na umidade, também não deve ter sido nem um pouco interessante.

Esteja atento ao que dispara o medo:

- Ameaças evitáveis
- Perigos imaginários
- Situações de mudança

O lado bom do medo:

- Sinaliza ameaças antes de acontecerem
- Produz prazer em ambientes protegidos
- Causa empolgação se interpretarmos positivamente os sinais do corpo
- Melhora a performance
- Reduz o excesso de autoconfiança
- Protege de estranhos

Cuidado com o excesso de medo:

- Medo súbito, sem explicação, com muita frequência, pode ser síndrome do pânico
- Medos específicos, tão intensos que chegam a ser irracionais, podem ser fobias
- Tensão constante, que impossibilita o relaxamento, pode ser ansiedade generalizada
- Ataques de medo por relembrar eventos traumáticos podem indicar estresse pós-traumático

Raiva

Os primeiros humanos que criaram o princípio
de que devemos tratar os outros como desejamos
que eles nos tratem formularam esse preceito
com a ajuda daquilo que sentiam quando
eram maltratados, ou do que viram quando
presenciaram maus-tratos a terceiros.
— António Damásio

Fugir ou lutar

Eu sempre gostei de lutas. Passei grande parte da infância até quase o final da adolescência treinando caratê; eu tinha até algum talento, cheguei a ganhar medalha de bronze em competições locais, mas infelizmente não mantive a prática. Hoje mal consigo erguer a perna para subir numa bicicleta, que dirá dar um chute bem alto como fazia antes. Pouco depois me interessei pelo boxe, mais como espectador do que como praticante (embora tenha arriscado uns seis meses de treino durante a faculdade). Acompanhei de longe o fenômeno das MMA (artes marciais mistas), a versão comercial do vale-tudo, mas confesso que essa modalidade nunca me conquistou totalmente.

Mas por que será que tanta gente gosta desse tipo de esporte? Provavelmente porque, assim como vários tipos de competições e embates, ele oferece formas ritualizadas – e civilizadas – de lidar com nossa agressividade.

A gente ouve dizer que a luta é o esporte mais antigo do mundo, mas nunca entendi exatamente por que ela é considerada o primeiro a surgir. Apostar uma corrida me parece muito mais simples, por exemplo. Ou mesmo ver quem atira uma pedra mais longe, quem levanta o maior tronco. Até que compreendi que, embora muitas disputas possam ter ocorrido ao longo da história, o esporte só foi criado quando definimos regras claras e mutuamente conhecidas. E impor normas e limites para os embates físicos talvez tenha sido uma das primeiras coisas necessárias para se construir uma sociedade. É bem possível que a civilização moderna tenha sido criada junto com a luta – foi uma forma de continuarmos a extravasar nosso lado violento, mas sem nos matar. Tanto é assim que cada período da história teve suas lutas da moda. Não foram apenas os lutadores de MMA que ficaram famosos – boxeadores fizeram sucesso e fortuna antes deles; e, muito antes ainda, os cavaleiros na Idade Média, gladiadores romanos e lutadores gregos foram celebridades em sua época.

Embora a popularidade das lutas mostre que nós valorizamos as formas ritualizadas de canalizar nossa agressividade, isso não significa que distribuir socos seja uma forma de aliviar nossa raiva. Esse é um dos mitos mais arraigados sobre nosso mundo emocional. Como a raiva é a emoção que acontece quando nos sentimos ameaçados e está por trás da agressão, durante muito tempo acreditou-se que destruir objetos, socar almofadas ou gritar com alguém esvaziaria a sensação de raiva. Mas, quando os cientistas resolveram testar essa ideia, ela se mostrou falsa – o que também faz sentido: exatamente pela forte associação entre raiva e agressão, quando agimos de forma agressiva fazemos a raiva durar mais tempo, e não menos.

Um estudo americano comprovou isso no começo do século XXI.[56] Na primeira parte da experiência, um avaliador ridicularizou os textos que os voluntários – pessoas pacatas, a princípio – tinham escrito. Imagine a raiva. Depois disso, os cientistas mostraram uma foto para parte dos voluntários, dizendo que aquele era o avaliador irritante, pedindo que eles socassem um saco de boxe pensando nele para descontar a raiva. Outro grupo também ficou dando os socos, mas sem ter visto a foto e tendo sido orientados a pensar apenas em se exercitar. E um terceiro grupo só tinha que esperar o teste seguinte, um questionário para avaliar quanta raiva estavam sentindo. Adivinhe? As pessoas que distribuíram sopapos para se livrar da raiva foram as que estavam mais bravas no final.

Mas o que nos deixa com raiva, afinal?

Um estudo realizado em oito países mostrou que as situações mais comuns antecedendo um episódio de raiva são: problemas de relacionamento, interação com estranhos, injustiça e inconveniências.[57] E o motivo da raiva também não varia muito. Normalmente, ela surge quando nos sentimos ameaçados de perder algo. Pode ser alguma coisa física ou simbólica, como status, autoridade, dominância. São situações em que vislumbramos o risco de ter algum prejuízo, pessoalmente ou como grupo. Trata-se, então, de um impulso para defender o que é nosso – ou algo a que acreditamos ter direito –, nos protegendo de perder recursos.

É fácil imaginar um grupo diversificado de seres vivos, nascidos com comportamentos bastante diversos – uns que passivamente aceitavam quando lhes roubavam comida, que cediam nas disputas por território, não brigavam pelas oportunidades de reprodução, enquanto outros tinham reações opostas. Diante da mera possibilidade de ficarem com menos alimento, espaço ou filhos, partiam para a agressividade. É claro que esse último deixou mais descendentes, carimbando em nós essa emoção que chamamos de raiva.

Coerente com essa explicação, o famoso etologista Konrad Lorenz, cujo estudo sobre o comportamento animal influenciou diversas áreas das ciências comportamentais,[58] notou que as principais demonstrações de raiva acontecem não entre predador e presa, mas entre indivíduos da mesma espécie. A gazela não range os dentes para assustar o leão faminto; o alce não usa sua galhada para enfrentar o lobo que o cerca. A presa foge do predador. A luta é reservada para os semelhantes – não aqueles que querem se alimentar de você, mas sim aqueles que querem comer a sua comida – justamente para afastar a concorrência na disputa por alimento, espaço e reprodução.

É por isso que temos menos raiva da chuva que estraga o dia na praia do que dos vizinhos de guarda-sol que colocam a música alta e sujam tudo ao redor. Sem saber, nós reservamos essa emoção hostil para embates com nossos semelhantes. Se ainda tem dúvida, pense bem: o que deixa você mais bravo, o trânsito parado por causa de uma árvore caída ou os espertinhos que cortam você no trânsito? Aquilo que consideramos fatalidade ou inevitável não nos aborrece tanto quanto o comportamento alheio. As pesquisas de Lorenz lhe valeram o Prêmio Nobel de Fisiologia ou Medicina em 1973. Em seu discurso de agradecimento, ele citou o naturalista norueguês Thorleif Schjelderup-Ebbe como uma de suas grandes influências. Esse cientista escandinavo nunca obtivera grande reconhecimento acadêmico, obcecado que era pelo comportamento social das galinhas, um tema muito específico e então pouco valorizado. Colocando assim, até hoje talvez ele não fosse levado a sério. Mas suas observações o levaram a propor um conceito que influenciou gerações: a ordem das bicadas (ou *"pecking order"*, como o termo é internacionalmente conhecido).[59]

Desde menino, Schjelderup-Ebbe passava horas e até dias seguidos nos galinheiros da família. Ali, notou que havia uma clara ordem hierárquica entre aquelas aves: a galinha superior alimentava-se primeiro, a segunda mais importante vinha depois e assim por diante. Essa ordem era sempre obedecida e controlada por meio de bicadas dolorosas que as superiores podiam dar nas inferiores – e nunca o contrário. Quando ameaçavam a quebra dessa hierarquia – ou seja, quando havia o risco de perda de status ou privilégios –, as superiores davam respostas agressivas para restabelecer a ordem. Galinheiros em que essa estrutura funcionava melhor eram mais produtivos e, paradoxalmente, menos estressantes para suas habitantes. Apesar de mais desgastantes para quem ficava na base da pirâmide, no balanço geral a raiva era uma excelente forma de manter a ordem. Talvez o mesmo aconteça com os seres humanos: em seu livro mais famoso, o já citado historiador Thomas Zeldin conta como antropólogos identificaram, em suas viagens exploratórias, tribos que nunca guerreavam, vivendo numa paz perene. Ironicamente, seus membros passavam a vida temendo a violência.

Assim como o medo, a raiva é uma forma de proteção. Não contra ameaças das quais temos que fugir, como no primeiro caso, mas contra aquelas que precisamos enfrentar.

É significativo que a mesma estrutura cerebral, a amígdala, esteja envolvida tanto nas reações de medo como nas de raiva.[60] A bem conhecida reação de luta ou fuga, disparada diante de ameaças, prepara nosso organismo para sair correndo ou partir para a briga. A fuga é resultado de uma reação de medo à ameaça, como ocorre com as presas correndo dos predadores. Mas, quando a ameaça nos deixa com raiva, vamos à luta, como nas disputas entre indivíduos da mesma espécie. Em ambas, uma descarga de adrenalina prepara o organismo para enfrentar a situação – aceleração cardíaca, tensão muscular, mudança da expressão facial e da respiração, sensação de calor, alterações na voz, aceleração da fala. Normalmente, associamos essas reações ao medo, mas elas também ocorrem quando estamos com raiva. Isso foi comprovado por uma pesquisa feita com base naquele mesmo questionário utilizado para descobrir as situações que geravam raiva em pessoas de oito países. Ele foi adaptado para avaliar mais de 2 mil pessoas em 27 países, que, quando questionadas sobre quais os sintomas da raiva, citaram exatamente – e nesta ordem – aceleração cardíaca, tensão muscular, mudança da expressão facial e da respiração, sensação de calor, alterações na voz, aceleração da fala.[61]

Todo fim de semana alguém demonstra essa relação entre medo e raiva quando bebe além da conta. Há uma história, atribuída à tradição oral judaica, que explica as consequências da alta ingestão de álcool. Diz-se que Noé estava plantando uma vinha quando o diabo quis saber que novidade era aquela. "São frutas", respondeu o hebreu. "Elas darão uma bebida para alegrar as pessoas." O tinhoso pediu para participar do processo de plantação, e, sem que Noé visse, sacrificou na vinha um cordeiro, um macaco, um leão e um porco, derramando o sangue deles no solo. E é por isso que as pessoas ficam calmas como cordeiros antes de beber; quando começam a ingerir o vinho, perdem o medo e se tornam desinibidas como o macaco. Assim que ganham mais coragem – perdendo mais ainda o medo –, ficam agressivas como o leão. Até que perdem de vez o controle e caem sobre a própria sujeira como o porco. Como o álcool inibe progressivamente as células da amígdala, no início a pessoa que está bebendo reduz sua ansiedade e, com ela, a timidez, perdendo aos poucos os freios sociais – é a fase do macaco. Sem medo, contudo, diante de uma ameaça real ou imaginária, a emoção predominante será a raiva, o que explica a fase do leão. Até que o álcool inibe outras áreas do cérebro, levando ao apagão característico da fase do porco.

Uma das funções exercidas pela amígdala para controlar nossos estados emocionais é o reconhecimento de sinais ameaçadores, diferenciando as expressões faciais que podem ou não demonstrar hostilidade. Esse reconhecimento é tão automático que coloca o corpo em estado de alerta antes mesmo de termos consciência do que está acontecendo. Pessoas cujo córtex visual foi afetado por acidentes vasculares ou tumores, por exemplo, podem ficar cegas mesmo que os olhos estejam intactos. E algumas delas continuam capazes de reagir diante da "visão" de faces com conteúdo emocional. Sem conseguir enxergar, sem saber para o que estão olhando, quando lhes são apresentadas fotos de pessoas com raiva o coração delas já acelera. Ou seja, a informação ativa diretamente a emoção, mesmo sem termos consciência.[62] O que prova que temos mesmo máxima capacidade de identificar rapidamente o risco nos olhos dos outros.

Mas independentemente de enxergar bem ou não, você consegue perceber como é ligeiro em notar ameaças ainda que receba informações parciais. Dê uma olhada nas imagens a seguir e tente dizer qual desenho, em cada par, passa a sensação de ameaça.

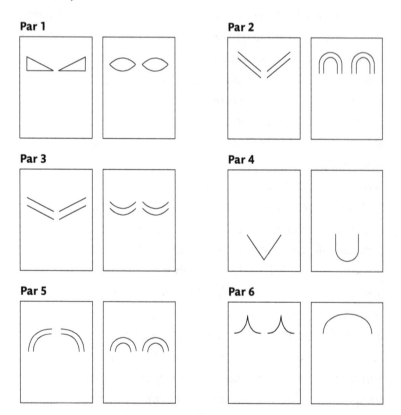

Par 1

Par 2

Par 3

Par 4

Par 5

Par 6

A maioria das pessoas acha os desenhos à esquerda mais assustadores, mesmo que sejam apenas riscos. Essa figura foi adaptada de uma pesquisa antropológica na qual voluntários desenhavam máscaras que achassem ameaçadoras.[63] O estudo sistemático dos desenhos identificou as características mais comuns entre eles: sobrancelhas pontudas, dispostas na diagonal e com linhas verticais entre elas foram frequentes, por exemplo. De forma notável, as mesmas características estão presentes em máscaras produzidas por povos de diversas culturas não ocidentais – e quanto mais dessas características são observadas, mais ameaçadoras as máscaras parecem. Foi então que os cientistas tiveram a ideia de reduzi-las à sua essência, descobrindo que apenas algumas linhas são suficientes para nos fazer reconhecer uma ameaça.

Sem querer, reproduzi esse experimento brincando com um robô da Lego. Veja como mexer no ângulo de duas pequenas linhas transforma a tristeza em raiva:

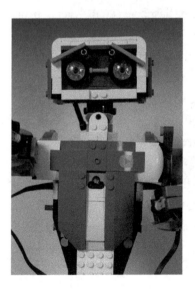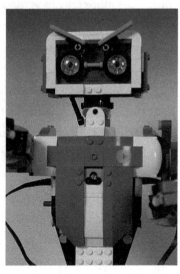

Em qual foto o robô está triste e em qual está com raiva? A única diferença são as sobrancelhas.

Poder e prazer

Eu tenho dois filhos, sendo o menino dois anos mais velho que a menina. E, para meu desespero, logo percebi que uma das grandes diversões da vida dele era provocar a irmã. Minha aflição se explica por vários fatores. Em primeiro lugar, a provocação não parecia ter um objetivo específico; ela era um fim em si mesma. O prazer proporcionado ao meu filho era a única motivação – o que me dizia que seria muito mais difícil acabar com aquela história. Mas, além disso, eu me contorcia por uma razão pouco nobre: eu era igualzinho quando criança. A única diferença é que sou dois anos mais novo do que minha irmã, mas observar a interação entre meus filhos era um verdadeiro flashback: eu me via naquelas provocações totalmente gratuitas. E me perguntava, olhando para o meu filho e me vendo nele: qual era o prazer naquilo tudo?

Até então a única literatura que lançava alguma luz sobre o tema vinha do Bairro do Limoeiro. Você pode até não saber onde fica, mas certamente conhece seus moradores. É lá que todos os dias o Cebolinha convence o Cascão a participar de um plano infalível para pegar o Sansão, o coelhinho da Mônica, e dar um nó em suas orelhas. Como se não bastasse, o moleque vive desenhando caricaturas da amiga, a quem chama de baixinha, dentuça e gorducha. Assim como eu e meu filho, Cebolinha parecia se divertir com aquilo tudo. Mas até então eu não tinha atinado o motivo desse prazer.

Foi só quando eu estava escrevendo este capítulo que finalmente entendi. Sobretudo depois de compreender o papel da raiva como protetora do status e guardiã da hierarquia social (lembra da ordem das bicadas das galinhas?). Sim, ela tem um lado bom, que é nos proteger. Mas melhor que isso é quando sentimos uma espécie de prazer em provocá-la nos outros. Não como quando metemos os pés pelas mãos e sem querer ofendemos alguém. Mas quando, deliberadamente, deixamos alguém com raiva, somos como a galinha que dá bicadas nas outras – colocamo-nos em posição superior, disputamos espaço e ganhamos. Mostramos quem manda. Não é só por isso que as crianças fazem provocações, claro – muitas vezes, estão querendo atenção e não sabem outra forma de conseguir. Mas não tenho dúvida de que parte do barato de provocar o outro vem dessa sensação de poder. O escritor vitoriano William Hazlitt chama o ódio de "um prazer refinado". No ensaio "On the Pleasure of Hating" ("Sobre o prazer de odiar"), ele sugere que compartilhar o ódio gera uma sensação de camaradagem num jantar, unindo as pessoas na medida em que as separa do objeto odiado, fazendo com que se sintam maiores do que de fato são.[64]

Não pretendo com isso fazer nenhuma apologia a esse tipo de prazer, não vá colocar palavras em minha boca. Descrever por que uma droga dá prazer não é o mesmo que recomendar seu uso. Mesmo depois de ter compreendido tudo isso, continuo tentando – umas vezes com mais sucesso, outras com menos – ensinar meu filho a não provocar a irmã. Até porque fazer alguém sentir raiva pode levar a uma escalada de violência por causa de outro prazer associado a ela: o doce sabor da vingança. Essa tentativa de fazer justiça tem um grande apelo para nós.

Vejamos de onde vem o poder sedutor da retaliação.

É comum dizer que a raiva nos protege da injustiça. E tal afirmação é verdadeira, pois essa emoção nos incita a brigar quando nos sentimos ameaçados de perder algo nosso ou de nosso grupo – ou algo a que teríamos direito. E a violação de regras também é um gatilho frequente para a raiva.

Tomemos o exemplo do trânsito. Quando levamos uma fechada, sentimos que fomos passados para trás – literalmente, no caso. Se ocupam antes de nós a vaga que estávamos aguardando, nos sentimos derrotados na disputa por território. E quando encostam em nosso carro, então, é como se tivessem invadido a segurança de nosso espaço privado. Não espanta que nos tornemos agressivos no trânsito – um levantamento feito na Espanha mostrou que quase 60% dos motoristas xingam ao volante, pelo menos eventualmente.[65] E a principal causa desse nervosismo é testemunhar o desrespeito às leis de trânsito – ou seja, injustiças.

Segundo Tom Vanderbilt, escritor que se debruçou sobre nosso comportamento no trânsito, a raiva que expressamos quando estamos ao volante talvez tenha origem evolutiva: "Buzinar para um motorista que cortou seu caminho, ou até mesmo persegui-lo agressivamente, apesar de não ser estritamente de seu interesse pessoal, é algo positivo para a espécie. (...) Você não estava pensando no bem da espécie quando buzinou para um motorista grosseiro; você só estava com raiva, mas sua raiva, de qualquer modo, pode ter sido altruísta."[66] E, convenhamos, também pode ter sido perigosamente prazerosa.

Isso porque nem sempre somos capazes de impedir o que acreditamos ser uma injustiça. Nesses casos, quando nossa raiva não consegue evitá-la, toda a carga negativa dessa emoção se volta para o desejo de buscar reparação. Vingança tem tudo a ver com raiva: nos impele a tentar derrubar quem assumiu nosso lugar na cadeia alimentar, tirar do outro o que ele conquistou e que nós cremos ser nosso por direito, desfazer a injustiça que a raiva não deteve. A capacidade imaginativa do ser humano, contudo, pode levar a uma distorção. Se não é possível recuperar o que se perdeu, nossa mente nos leva a acreditar que, se ao menos conseguirmos impor um sofrimento igual (ou ainda maior) ao nosso oponente, a justiça será feita. Racionalmente, sabemos que não é assim. Matar um assassino não traz ninguém de volta, derrubar o outro não me coloca em pé. Mas nem sempre a razão prevalece, e o prazer que a vingança promete pode nos levar a não tomar as melhores decisões.

Às vezes optamos por pagar um preço pessoal apenas para nos sentirmos vingados, assim como aquele motorista esquentado que se arrisca ao perseguir outro no trânsito. Alguns cientistas bolaram um experimento para vasculhar nosso cérebro e entender melhor o que acontece nessas horas: deram 10 "dinheiros" para que as pessoas repartissem. Se, por exemplo, João desse os seus 10 dinheiros para Maria, o cientista quadriplicava a doação. Maria ficava com os 10 de João mais 40 do cientista. Ela teria então a possibilidade de repartir esses 50 com João, que confiara nela, ou dar de ombros para ele e guardar tudo para si. Se fizesse isso, contudo, João tinha a chance de puni-la pela traição, tirando dinheiro dela. Algumas vezes, ele podia fazê-lo sem sofrer prejuízo, mas em outras perdia 1 dinheiro para cada 2 que cortasse de Maria. O exame do cérebro dos voluntários mostrou que, quando o traído decidia punir o traidor, havia aumento da ativação no corpo estriado dorsal, área envolvida na avaliação de punição e recompensa. Ela era ativada mesmo quando os voluntários sabiam que teriam que perder dinheiro pela vingança. E veja que interessante: quanto mais ativa a região ficava (isto é, quanto mais prazerosa a retaliação) quando não havia custo pessoal, maior era a chance de vingança mesmo quando houvesse perda de dinheiro. Quer dizer, quanto mais doce a vingança nos parece, menos nos importamos com os prejuízos que ela pode acarretar.[67]

Indignação protetora

Apesar de a raiva ter esses dois lados satisfatórios – a sensação de superioridade em quem a provoca e o prazer da vingança em quem tinha sido provocado –, tais atitudes não são exatamente recomendáveis. Não queremos que ninguém saia por aí provocando os outros, nem mesmo buscando revanche. (O perdão, aliás, é muito mais benéfico do que a vingança para nossa saúde emocional – abrir mão das emoções negativas dirigidas a alguém que nos prejudicou faz mais bem do que mal para a saúde.)

Mas existe uma forma de canalizar essas emoções de maneira não apenas prazerosa, como também valorizada por ser um canal de transformação social. Trata-se da indignação.

Para o filósofo Thomas Hobbes (1588-1679), a indignação é a raiva por um sofrimento imposto a alguém propositalmente, com intenção de prejudicar.[68] Não apenas sofrimento físico, mas também quando a justiça é desprezada em detrimento de alguém, quando autoridades favorecem uns em prejuízo de outros. Hobbes vê na indignação o impulso que nos direciona não apenas contra os injustos, mas contra as forças que os protegem. Não que a indignação não tenha um componente afetivo – ela é carregada de uma emoção negativa, pois anda de mãos dadas com a raiva, mas é temperada por um componente cognitivo que amplia a visão sobre uma realidade que não se quer aceitar. Aristóteles, por exemplo, diferenciava o ódio intelectual da raiva: a raiva é negativa, desconfortável, mas o ódio intelectual, próximo ao conceito de indignação, depende dessa capacidade de julgar algo como errado.

Por reunir os componentes emocionais da raiva e intelectuais da indignação, esse ódio intelectual já foi bastante valorizado. O escritor francês Émile Zola, famoso pela carta "Eu acuso!", endereçada ao presidente francês e em que denuncia a injustiça no julgamento de um oficial judeu, foi um de seus defensores.

"O ódio é sagrado. É a indignação de corações fortes e poderosos, o desprezo militante daqueles que incomodam a mediocridade e a loucura. Odiar é amar, é sentir a alma calorosa e generosa, viver amplamente com desprezo por coisas vergonhosas e estúpidas. O ódio consola, o ódio faz justiça, o ódio faz um homem grande", escreveu ele aos 25 anos.[69] Trata-se, é claro, não da raiva destemperada, mas da reação a um só tempo racional e fomentada por um sentimento de mudança.

Culturalmente, não se costuma recomendar a indignação da mesma maneira para meninos e meninas. De acordo com a escritora e ativista Soraya Chemaly, a raiva – com todo o seu poder de indicar insulto, dano ou tratamento indigno – é desencorajada nas mulheres. Por outro lado, não há problema se elas sentirem medo – a emoção que nos faz fugir, lembremos. Nos meninos, contudo, o medo não cai nada bem – a raiva é mais apropriada para eles. Segundo Chemaly, essa distinção não é só inadequada, como altamente perigosa, por colocar as mulheres em risco ainda maior de sofrerem injustiça. Em sua palestra para o TED Talks, que já teve quase 2 milhões de visualizações, ela afirma que "a indignação, raiva por violar os padrões morais subjetivos de uma pessoa, é frequentemente caracterizada como uma emoção negativa e corrosiva, em parte porque prediz um comportamento desproporcionalmente rancoroso ou retributivo em relação aos transgressores".[70]

De fato, deslegitimar esse tipo de raiva é uma estratégia de esvaziamento de determinados clamores por justiça, quando, na verdade, assim como a tão celebrada empatia, a raiva é também uma forma poderosa de nos levar a tentar corrigir algo, mesmo com um custo pessoal. A tal ponto que estudos mostram que, quando mulheres são levadas a se sentir indignadas com determinadas situações de discriminação, a utilização de técnicas de reavaliação da circunstância com objetivo de reduzir emoções negativas diminui a propensão delas a se engajarem em ações de combate à desigualdade.[71] A raiva pode fazer falta. No ensaio *Sobre a violência*, Hannah Arendt afirma que livrar da raiva aquele que se sente indignado é como desumanizá-lo ao retirar sua capacidade de desafiar o status quo e buscar mudanças sociais.[72]

A cara de raiva, por si só, pode servir para deter a injustiça. Isso foi demonstrado nos anos 1970, quando alguns cientistas convenceram estudantes a dar choques uns nos outros dizendo que iriam testar o impacto disso no aprendizado, inspirados naquele experimento famoso de Yerkes e Dodson, sobre o qual conversamos no capítulo sobre o medo. Mas isso não era verdade – eles queriam mesmo era verificar o papel da raiva na punição. O voluntário apertava um botão e um ator fingia levar um choque. Os voluntários não sabiam que o choque era de mentira, e deveriam aplicar uma carga elétrica que ia de 1 a 10 quando o ator errasse determinados testes, em três momentos diferentes. Os atores, por sua vez, foram divididos em quatro grupos: um tinha que fazer cara de raiva, outro de medo, outro de alegria e um último deveria permanecer neutro. Isso fez toda a diferença tanto na carga elétrica empregada quanto na duração do choque. A intensidade da carga foi aumentando, atingindo o nível 5, quando a expressão era de alegria. A face neutra ou de medo não fez tanta diferença. Mas a cara de raiva fez a carga começar mais baixa e ainda diminuir ao longo das aplicações, ficando abaixo de 3. A mesma coisa aconteceu com a duração do choque, que na terceira rodada durou, para quem estava sorrindo, o dobro do tempo sofrido por quem estava com cara de bravo.[73]

Portanto, quando estamos bravos, disfarçar nem sempre é uma boa ideia. Deixar claro que estamos com raiva pode ser muito vantajoso. Um estudo feito em Amsterdã pediu que voluntários entrassem numa negociação para vender celulares. A cada rodada eles recebiam uma mensagem que poderia ser neutra: "Minha oferta será x"; alegre: "Vou oferecer y, porque essa negociação está indo bem"; ou raivosa: "Vou oferecer z, porque estou ficando irritado". Ao longo das rodadas, conforme o comprador fictício ia ficando mais irritado, mais concessões os voluntários faziam, chegando a vender por 30% menos do que aqueles que negociavam com os compradores alegres. Mas atenção: não adiantava nada fazer cara de raiva mas ceder na negociação – nesses casos, não havia diferença nos valores. A raiva só fazia o preço diminuir quando era interpretada como um sinal de que o comprador não estava disposto a ceder. Faz todo o sentido, ainda mais se lembrarmos que ela é uma emoção que surge nas disputas por recursos.[74]

Detector de ingenuidade

Além de ser útil para combater injustiças, proteger o que é nosso, motivar mudanças sociais e – quem sabe? – aumentar nossos descontos, a raiva tem mais um lado bom. É uma função pouco nobre, e ironicamente só tem utilidade naqueles momentos em que nos irritamos sem motivo, sentimos raiva de forma desnecessária ou exageramos de forma geral. Nessas ocasiões, a raiva vem nos mostrar que temos alimentado expectativas erradas sobre a vida. Talvez sejamos um pouco ingênuos às vezes.

Já vimos que a raiva surge quando as coisas não acontecem da forma como acreditamos que deveriam ser: quando tiram de nós algo que é nosso, quando presenciamos ou sofremos alguma injustiça. Então por que ficamos com raiva quando o funcionário do telemarketing é incompetente? Ou quando as chaves do carro desaparecem bem na hora em que precisamos delas? Encontrar toalhas molhadas em cima da cama, roupas espalhadas pelo chão, nossos livros fora de ordem – como é possível que coisas bobas provoquem grandes irritações? Isso acontece porque enxergamos nessas situações prosaicas reflexos das causas essenciais da raiva. Achamos que é nosso direito sermos atendidos imediatamente quando queremos; interpretamos como uma transgressão moral o fato de bagunçarem nossa casa; ficamos com a impressão de termos sido roubados quando não encontramos algo onde deixamos. Olhando de longe, fica claro entender por que é um exagero: esses direitos não existem, essas injustiças ferem regras que só existem em nosso mundo ideal.

A raiva nos ajuda, então, a identificar quando estamos sendo otimistas, ingênuos, idealistas demais. Ficar com raiva quando o filho não obedece é acreditar que filhos serão sempre obedientes. Se nos irritamos com quem se atrasa para um compromisso é porque acreditamos que somos donos daquele tempo que alguém está roubando.

Esse é um dos maiores diferenciais da raiva. Que outro sistema de alarme é útil até quando está errado?

Esteja atento ao que dispara a raiva:

- Injustiça
- Ameaça à propriedade
- Ameaça a direitos
- Quebra de hierarquia

O lado bom da raiva:

- Restabelece a hierarquia, se usada com cautela (para não estimular vingança)
- Sinaliza injustiças
- Alimenta a indignação
- Ajuda nas negociações, quando demonstrada
- Denuncia ingenuidade, quando acreditamos ter direitos inexistentes

Cuidado com o excesso de raiva:

- Irritação contínua e episódios de raiva podem ser sintomas de depressão
- Já explosões inesperadas, diante de motivos tolos, seguidas de arrependimento, podem ser sinais de transtorno explosivo intermitente

Nojo

Tudo é nojo quando um homem deixa
sua própria natureza e faz o que é impróprio.

— Sófocles

Um nojo não basta

Perto de terminar a faculdade, fiquei amigo de um professor que trabalhava como médico-legista e passei a frequentar o Instituto Médico Legal (IML) que ele coordenava. Eu sei, não é exatamente um passeio no parque, mas além de a Medicina Legal ser uma área fascinante, o professor era um sujeito tão boa-praça que valia o passeio. O IML ficava na área de captação de uma represa, então recebia corpos de afogados encontrados já em estágio avançado de putrefação, que ficavam numa geladeira especial. Certo dia, estávamos conversando em grupo – dessa vez sobre amenidades, nada muito fúnebre – quando, de repente, senti um embrulho no estômago e achei que ia vomitar ali mesmo. Consegui engolir em seco e só então me dei conta de que havia um cheiro de podridão no ar – alguém havia aberto a geladeira na sala ao lado – e que, antes mesmo de eu ter consciência do cheiro, meu corpo já tinha reagido com aversão a ele.

Das emoções primárias negativas, nenhuma parece mais básica do que o nojo. A reação é tão automática – muitas vezes acontece sem precisarmos pensar, como foi o meu caso – que parece única e exclusivamente fisiológica, alheia a qualquer interferência social ou cultural. Nada mais falso. Como veremos, o nojo é extremamente influenciado pela cultura. Na verdade, nós precisamos *aprender* diante do que nos enojar.

Isso fica mais claro quando ouvimos histórias de crianças selvagens, aqueles casos raros de pessoas abandonadas na floresta ainda na infância e que conseguem sobreviver em meio à fauna. Um dos mais conhecidos é Victor de Aveyron, encontrado na França, em 1800, vivendo em plena floresta. Muitos acreditavam ser impossível que ele se tornasse civilizado – ele não falava, recusava-se a se vestir, não sabia usar o banheiro e desconhecia as regras mais básicas de higiene. Mas o psiquiatra Jean-Marc Gaspard Itard resolveu tentar educar Victor, como o batizou, e escreveu um longo relato sobre esse processo.[75] (O livro foi adaptado para o cinema na década de 1970, com o título *O garoto selvagem*, por François Truffaut, que também o dirigiu e atuou no papel do médico.) Uma das curiosidades notadas por Itard era que Victor não tinha nojo de nada – o que ocorre com outras pessoas nas mesmas condições. A não ser que se tratasse de comida estragada, que provocava uma aversão instintiva, nada parecia repugnar o garoto. Com o tempo, o psiquiatra conseguiu ensinar alguns rudimentos de linguagem e o rapaz adquiriu comportamentos mais civilizados – o que incluiu passar a ter nojo.

Da mesma forma que as crianças selvagens, os bebês, as crianças pequenas e os bichos apresentam apenas um tipo de nojo, o desgosto – aqui compreendido como aversão à comida estragada. Acredita-se que esta seja a origem de todos os nojos. Sim, porque embora normalmente tratemos essa emoção no singular, ela pode ser dividida em reações diferentes, conforme a situação que a provoca:[76]

- Nojo nuclear (*core disgust*) – reação causada por algo podre ou aparentemente venenoso que se aproxima do nariz ou da boca. É caracterizado pela náusea, pelo engasgo e pelo ato de se afastar, estender as mãos ou virar o rosto.

- Nojo de violação corporal – provocado por visões que vão desde deformidades até entranhas expostas, passando por feridas abertas ou fluidos escorrendo. A reação mais frequente é uma repulsa que mistura aspectos fisiológicos – como arrepios – e cognitivos – como certo horror.

- Nojo de contaminação – deflagrado por situações que têm potencial para nos infectar. Trata-se de uma sensação desconfortável diante de imundície, animais asquerosos, como baratas, por exemplo, e pessoas muito sujas. Ela provoca reações mais psicológicas do que fisiológicas.

- Nojo interpessoal e moral – causado pelo contato indesejado entre pessoas desconhecidas, diretamente ou por meio do compartilhamento de objetos usados. Semelhante ao nojo de violação corporal, alia sintomas físicos e mentais. Quando se trata de ofensas morais, o nojo é mais cognitivo.

Quando os cientistas voltaram seu olhar para descobrir as causas imediatas de cada um desses tipos de nojo, descobriram que, para a maioria das populações pesquisadas, existem nove grandes grupos em que podemos colocar praticamente tudo o que nos enoja:

1. Alguns tipos de alimentos
2. Alguns animais
3. Cadáveres
4. Violações da integridade do corpo
5. Excreções corporais
6. Falta de higiene
7. Contaminação interpessoal
8. Comportamentos sexuais
9. Ofensas morais

E, embora – ou justamente por isso – todos os itens listados abarquem fatores que podem ser muito desagradáveis, cada um desses nojos tem seu lado bom.

Proteção física

O nojo nuclear é a origem mais provável para toda essa história. Ele remete ao nosso cérebro tentando nos proteger da nossa boca, como bem ilustra um caso de minha infância, daqueles que costumam voltar à tona em toda reunião de família.

Eu deveria ter uns 5 anos e, para desespero de minha mãe, adorava sair correndo pelos corredores do supermercado (como toda criança, acho eu). Numa dessas vezes, distraído pelas mercadorias estrategicamente colocadas na altura dos olhos das crianças, ao virar a esquina de um corredor dei de cara com um bacalhau aberto no meio da peixaria. Aquele cheiro inesperado preencheu não só meus pulmões, mas minha alma inteira, o que me fez vomitar imediatamente, ali mesmo, sem tempo de pensar. Minha lembrança só vai até aí, não me recordo dos desdobramentos imediatos. Mas lembro que passei os vinte anos seguintes sem conseguir comer peixe. Meus pais, com toda a paciência, tentavam reintroduzir o alimento na minha dieta, mas, cada vez que eu sentia o cheiro de peixe, meu estômago se embrulhava, e me parecia impossível comer aquilo. Só depois de adulto consegui me livrar dessa aversão – comida japonesa, por exemplo, só tive o prazer de aprender a comer com mais de 30 anos.

Eu não sabia, mas aquele mal-estar era sinal de que minha mente estava tentando proteger meu corpo. A náusea é a resposta do organismo diante da emoção do nojo. Diferente de outras reações emocionais, ela é específica. Vimos como raiva, medo e até alegria podem causar reações físicas semelhantes – taquicardia, tensão, respiração ofegante –, sendo impossível identificar uma emoção apenas a partir de sua reação fisiológica. Com o nojo é diferente, já que a reação não só é única, como uma de suas funções é bastante clara: prevenir a ingestão de algo potencialmente prejudicial. Uma vez que meu cérebro carimbou o peixe como perigoso, por causa do cheiro característico que exala, meu corpo praticamente me proibiu de comê-lo. Darwin chegou a afirmar que "o nojo extremo é manifestado com movimentos em volta da boca, idênticos àqueles que preparam o ato de vomitar".[77]

E os enjoos podem de fato ser muito protetores. É o caso dos bebês em formação. O primeiro trimestre da gestação é uma fase crítica para o embrião – qualquer coisa pode interferir em seu desenvolvimento. É exatamente a época em que os enjoos são mais frequentes durante a gravidez. Normalmente a sensação ruim começa dentro de quatro semanas após o último período menstrual, atingindo sua máxima intensidade em cerca de nove semanas. Passado esse intervalo de tempo crítico, até a 20ª semana 91% das mulheres não enjoam mais. Apesar de potencialmente incômodos, os vômitos e as náuseas na gravidez estão associados a uma diminuição do risco de aborto espontâneo. Do ponto de vista evolutivo, os cientistas defendem que o enjoo e até mesmo o vômito de fato protegem as gestantes e os fetos de substâncias potencialmente nocivas presentes nos alimentos, sobretudo micro-organismos patogênicos comuns em carnes, além de toxinas existentes em hortaliças de gosto mais pronunciado.[78, 79]

Se fosse para eleger um lado melhor dentre os lados bons do nojo, este com certeza merece destaque – o mal-estar que ele produz serve não apenas para nos proteger o tempo todo; na gravidez, ele impõe à mãe uma sensação desagradável, não para o bem dela mesma, mas para a proteção de outra vida. Bastante nobre esse lado bom de um lado ruim.

Além dessa reação, que é instintiva, o ser humano precisa ser ensinado a sentir nojo até mesmo de coisas que sejam para sua proteção. Quem já precisou cuidar de uma criança pequena por mais de cinco minutos sabe o trabalho que dá impedi-la de caçar baratas, enfiar as mãos no lixo, colocar sujeira na boca. Enquanto não aprendem a usar o banheiro, cocô é brinquedo para elas – aprender a ter nojo das fezes parece ser necessário para passar da fralda ao troninho. E o caso das crianças selvagens, como Victor, confirma que não se trata apenas de uma questão de tempo para que elas desenvolvam nojo, é preciso que sejam ativamente ensinadas. Primeiro ouvimos nos dizerem várias vezes que enfiar o dedo no nariz é falta de educação para só depois de muitas broncas passarmos a considerar nojento.

Nada deixa isso mais claro do que as diferenças sobre o que é ou não aversivo ao redor do mundo. Arrotar à mesa é nojento, certo? No Brasil, sim, mas na China é sinal de que a refeição estava boa. As regras de boa educação, definidas dentro de uma comunidade, influenciam diretamente o que consideramos nojento.

Os elementos produzidos pelo corpo estão entre as primeiras coisas às quais somos ensinados a reagir com nojo. Fezes, urina, muco nasal, saliva, suor, pelos, cabelos, caspa, unhas – o que quer que tenha saído de nós pode ser objeto de aversão. Claro que tudo depende do contexto. Pessoas diferentes provocam reações diferentes: encostar no ranho de um desconhecido na rua é bem diferente de limpar o nariz escorrendo do filho. Mas, indo além, até entre as mesmas pessoas a reação pode variar. É só pensar na saliva. Vamos considerar um cenário fatídico, em que um casal até então apaixonado se envolva numa briga horrível. O contato com a saliva, que era prazeroso quando eles se beijavam calorosamente, torna-se revoltante se um cospe na cara do outro. Mesma substância, reações opostas. As secreções ligadas ao sexo também provocam diferentes respostas dependendo do contexto, obviamente.

Dois componentes são responsáveis pela nossa reação negativa às excreções. O primeiro é a aversão que temos à nossa natureza animal. Antes de sermos seres racionais, somos bichos com necessidades fisiológicas inegáveis, mas não as executamos na frente dos outros, e a mera menção a elas é considerada falta de educação.

Na obra *Amar, verbo intransitivo*, o modernista Mário de Andrade conta uma "anedota familiar" que ocorreu com seus personagens. A família está viajando num trem apinhado de gente. A filha mais nova diverte os passageiros ao anunciar, daquela forma gaguejante das crianças aprendendo a ler, o nome de cada estação que consegue ler conforme o trem vai parando. Lá pelas tantas, numa estação em que o trem está se aproximando particularmente devagar, a mãe lembra à filha de fazer seu anúncio.

– Não se enxerga, ainda... Já falo, mamãe! – e amassava o nariz contra o vidro. Sousa Costa, com medo de algum fracasso da filha, espiou em roda. Vários viajantes esperavam também, abatidos, alguns se erguendo, sorrindo com paciência. As casas agora já chegavam arruadas, lerdas. O trem parava aos pedaços. Laurita gritou:

– E... é Mi... Mi-quitó-rio! Mamãe! É Miquitório!

Dona Laura, Fräulein se sentiram morrer. Mas desta vez Sousa Costa, perdido por completo o controle, se ergueu, iria bater na filha. Fräulein meio se levantou pra salvar o decoro, buscando evitar a palmada. O trem parou num tranco e os dois, Fräulein com Sousa Costa abraçados, afundaram nos peitos de dona Laura. Sousa Costa enojado se desvencilhou num tempo, deixando Fräulein lá. Ia... O vagão todo se escangalhava de rir.[80]

O que de tão terrível pode haver na mera pronúncia da palavra "mictório", escrita ali numa placa pública? Ela apenas lembra aos circunstantes que todos somos seres que precisam urinar. Outro exemplo da literatura vem do filósofo e alquimista Zênon, personagem do romance *A obra em negro*, da escritora francesa Marguerite Yourcenar. O livro é o relato de suas andanças pela Europa medieval, e a escritora constrói a narrativa baseada nas suas profundas reflexões sobre a vida. Em determinado ponto, ele também chega à conclusão de que temos pavor do que nosso corpo produz: "Parecia a Zênon que o nojo dos refinados e o riso sujo dos ignorantes se deviam menos ao fato de que esses objetos nos ofuscam os sentidos do que ao nosso pavor diante da inelutável e secreta rotina do corpo."[81] Por isso mesmo é tão errado/feio/nojento/repugnante satisfazer as necessidades fisiológicas em público – ninguém precisa ficar nos lembrando de que somos bichos. O educado é o oposto do nojento como o civilizado é o oposto do animalesco.

Há um segundo componente presente nessa aversão: evitar a contaminação. Nossos produtos biológicos são recheados de agentes contaminantes, sobretudo depois que os expelimos e eles começam a apodrecer. Reagir afastando-se deles é um mecanismo de proteção da mesma forma que evitar cadáveres em putrefação, feridas abertas, sangue coagulado. Sim, tudo isso também nos lembra que somos animais. Mas, além dessa lembrança, tais elementos carregam agentes patogênicos aos quais aprendemos a reagir desde cedo.

Curiosamente, esse instinto cria um grande desafio para os profissionais da animação e da robótica. O engenheiro de robôs japonês Masahiro Mori explicou, na década de 1970, que nossas reações emocionais diante de representações artificiais de humanos apresentam uma variação particular.[82] Mecanismos automáticos sem qualquer aparência humana, como um robô industrial soldando peças, não nos provoca qualquer reação emocional. No entanto, à medida que as máquinas vão ganhando aparência humanoide, começam a gerar reações positivas – pense no robozinho Wall-E ou no R2-D2, de *Star Wars*. Eles são bem diferentes de uma pessoa, mas têm características antropomórficas que despertam simpatia. Conforme a semelhança aumenta, a reação positiva também aumenta, mas há um ponto crítico, quando as máquinas (ou animações) estão muito parecidas com a forma humana, mas ainda não chegaram a ficar idênticas. Exatamente nesse ponto a reação emocional despenca e se torna negativa, de uma só vez. Essa queda produz um vale, como pode ser observado na próxima página, no gráfico que ficou conhecido como "vale da estranheza".

O psicólogo evolucionário Craig Roberts liga essa queda brusca à emoção do nojo – ele acredita que a estranheza ative os mesmos mecanismos cognitivos envolvidos no ato de evitar contaminações. "As anomalias visuais dos robôs androides têm o mesmo efeito de cadáveres ou indivíduos visivelmente doentes: eliciar alarme e repulsa."[83]

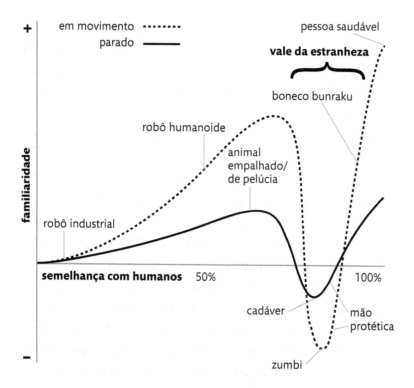

- em movimento ········
- parado ────

pessoa saudável

vale da estranheza

boneco bunraku

robô humanoide

animal empalhado/ de pelúcia

familiaridade

robô industrial

semelhança com humanos 50% 100%

cadáver

mão protética

zumbi

É evidente, então, que o nojo traz uma proteção física, nos alertando para várias fontes de contaminação. Mas nossa mente criativa levou a ideia de contaminação para muito além da sujeira, e o nojo se transformou em algo que cria um alerta para muito mais coisas do que apenas o mal físico.

Proteção metafísica

Em 1890, o antropólogo James Frazer publicou um livro muito influente chamado *O ramo de ouro*, no qual reúne mitos e lendas de várias partes do mundo, fazendo uma análise comparativa sobre mágica e religião nas sociedades humanas. Em seus estudos, Frazer identificou uma crença generalizada que ele chamou de "lei do contágio", segundo a qual coisas que tiveram algum contato entre si passam a carregar algo da essência uma da outra, uma espécie de ligação além do mundo físico. Tal aparato cognitivo, que parece ser impossível de desligar, associa contaminação a sujeira e impureza. Como sujeira e impureza são qualidades que atribuímos não apenas a objetos e comidas, mas também a pessoas, comportamentos e até mesmo opiniões, a reação biológica se expandiu para muito além da náusea e da boca, dando origem a verdadeiros tabus.

Como diz o americano Paul Rozin, octogenário professor de psicologia e um dos maiores estudiosos do nojo, essa emoção, originalmente guardiã da boca, foi progressivamente transformada em guardiã da alma. Tanto que, quando algo é culturalmente considerado contaminante, sujo, nojento, torna-se "proibido com uma força que vai além do racional".[84]

Não é preciso ter medo de vodu ou macumba para acreditar um pouco na lei do contágio. Num famoso estudo, voluntários imaginaram vestir uma blusa confortável e limpa, dando uma nota para a sensação que tiveram, indo de -100 (a experiência mais desagradável possível) até 100 (a experiência mais agradável possível). Com isso estabelecia-se o desconforto de base daquelas pessoas.

Vários cenários foram então propostos: eles teriam que vestir a blusa logo após uma pessoa com doença não contagiosa, uma celebridade ou um assassino em massa tê-la vestido, ou depois de a peça ter caído em cima de cocô de cachorro. Novamente as pessoas tiveram que dar nota para a sensação de vesti-la. Enquanto alguns cenários melhoravam a experiência, outros a pioravam: vestir a blusa que havia encostado no cocô dava uma sensação em média 60 pontos mais baixa. Surpreendentemente, usá-la depois de um assassino em massa era ainda pior – a nota caía 66 pontos. Ou seja, parece que a aversão à maldade é maior do que a aversão a fezes.[85]

A lei do contágio torna desagradável não só o contato com pessoas ruins, mas com qualquer desconhecido. Usar coisas que outros usaram dá nojo – até sentar-se num banco do qual alguém acabou de se levantar pode dar certa aflição, como provam as pessoas que abanam o assento antes de se sentar, numa tentativa de fugir da sensação de contato, mesmo que indireto.

É por isso que o nojo está por trás do preconceito. Temendo o diferente, nossos antepassados se protegiam de doenças de outras tribos. Tanto que temos menos nojo das pessoas com quem nos identificamos. Sabe-se, por exemplo, que há alto risco de contágio por doenças em aglomerações, como em shows, peregrinações ou eventos esportivos. Contudo, um estudo recente mostrou que quando se compartilha alguma identidade social com alguém (time, fé ou gosto musical iguais, por exemplo), a percepção desse risco torna-se menor. E os pesquisadores notaram que a sensação de perigo diminui justamente porque as pessoas sentem menos nojo de quem acham semelhantes.[86]

Fica claro, então, que o nojo não serve apenas para a proteção física ou biológica. Ele também ajuda a sinalizar limites sociais entre o permitido e o proibido. Mostra que algo está fora do lugar, inadequado. "Restos de sopa na barba de um homem provocam nojo, ainda que não haja, é claro, nada de nojento

111

na sopa propriamente dita", bem observou Darwin no já citado *A expressão das emoções nos homens e nos animais*.[87] Ver uma meia usada colocada em cima da comida é tão nojento quanto ver um pouco de comida na meia. Não temos nojo da comida no prato nem da meia no pé, mas basta mudar a coisa de lugar para torcermos o nariz.

Assim como acontece quando deixamos as fraldas, o nojo tem um aspecto pedagógico, nos ajudando a aprender algumas regras da boa educação. Esse surpreendente lado bom do nojo – auxiliar na diferenciação entre o certo e o errado – transparece em nossa linguagem.

Num daqueles estudos feitos para identificar e classificar as emoções, como os citados no capítulo 1, foi solicitado a diversas pessoas que agrupassem 72 termos relativos a diferentes emoções em conjuntos menores, reunindo palavras de sentido semelhante, evitando repetições – ou seja, cada palavra só poderia entrar em um grupo. Assim, os pesquisadores dividiram os 72 termos em 18 conjuntos menores, como pânico/ terror/ medo, ou raiva/ódio. O grupo do "nojo" reuniu palavras que ajudam a mostrar como essa emoção realmente tem a ver com aquilo que contamina não só o corpo, mas também o espírito. Além de "nojo", entraram no grupo "repugnância, repulsa, desprezo e aversão".[88] É certo que usamos palavras como "repugnância" ou "repulsa" para nos referirmos a comidas estragadas ou insetos rastejantes, mas muitas vezes as empregamos também para classificar determinados comportamentos ou atitudes. "Desprezo", por sua vez, está muito mais associado à nossa relação com pessoas do que com qualquer outra coisa que possa nos inspirar nojo.

A própria noção de moralidade é influenciada por essa emoção, como demonstram os estudos que buscam descobrir por que as regras morais variam tanto de um lugar para outro do mundo e ainda assim apresentam estruturas tão parecidas. Um grupo de psicólogos sociais e culturais desenvolveu, a partir dessas pesquisas, a interessante Teoria dos Fundamentos Morais.[89] Segundo eles, existem alguns sistemas intuitivos instalados profundamente em nosso cérebro, selecionados ao longo da evolução – por nos dar mais chances de sobrevivência e reprodução –, que seriam os fundamentos biológicos que servem de base para as regras culturais. Esses sistemas são:

1. **Cuidado x Dano:** cuidar dos outros e evitar danos é instintivo em mamíferos gregários. Culturalmente, é a base para valores como bondade e gentileza.

2. **Justiça x Trapaça:** vimos um pouco sobre isso no capítulo sobre raiva. O instinto de altruísmo recíproco (eu faço por você e vice-versa, e assim todos ganham) estaria por trás de conceitos como equidade e direitos.

3. **Lealdade x Traição:** inscrito em nosso cérebro a partir da necessidade de formarmos grupos para sobreviver, seria o pilar de valores como patriotismo e sacrifício pelo grupo.

4. **Autoridade x Subversão:** forjado por nossa história evolutiva de organização hierárquica dos bandos, claramente se associa às ideias de respeito, liderança, obediência e respeito pela autoridade.

5. **Santidade x Degradação:** este é o sistema que interessa neste capítulo, já que sua base biológica são justamente

as reações de nojo e contaminação. É a partir daí que surge a noção de que o ser humano – puro, civilizado, santificado, dependendo da narrativa cultural – é aquele que se eleva acima da sua natureza animal. Valores como pureza e moralidade dependem de não contaminarmos nossa alma com atitudes imorais.

Existem várias evidências desse quinto ponto no dia a dia. Além da ideia de contaminação metafísica, e mesmo do experimento da blusa do assassino, nós somos mais severos na condenação moral de coisas que nos provocam nojo, como comprovou uma experiência com pessoas hipnotizadas.[90] Elas foram informadas de que teriam uma breve sensação nauseante ao ouvir determinadas palavras (como "pegar"). Sem se lembrar dessa informação, foram apresentadas a textos que descreviam situações moralmente condenáveis e tinham que julgar a gravidade de tal atitude. Os textos foram escritos de modo a incluir ou não aquela palavra (por exemplo, contava-se a história de um político que "pegou" dinheiro de corrupção ou que "aceitou" dinheiro de corrupção). De forma consistente, as mesmas atitudes foram consideradas mais graves se davam a sensação de náusea – sem que qualquer outro detalhe fosse modificado. (Detalhe divertido: para confirmar que a palavra era eficaz em produzir aversão, ao final do experimento os pesquisadores ofereceram cookies aos participantes perguntando se eles queriam "comer" ou se queriam "pegar" biscoitos. No primeiro caso, as pessoas comeram mais do que o dobro de biscoitos do que no segundo, quando foi usada a palavra que embrulhava o estômago.)

Mesmo sem andarmos hipnotizados por aí, achamos que alguns crimes são mais nojentos do que outros, que alguns criminosos são mais desprezíveis e que suas atitudes são mais aversivas. Pense naquelas notícias que saem nas páginas policiais. Imagine que um assaltante invadiu uma casa para roubá-la, achando que os donos não estavam, mas foi surpreendido por um morador e, na luta para escapar, matou o homem. Condenável? Com certeza. Mas compare com o bandido que invadiu a casa e, após render os moradores, assassinou a sangue-frio o dono da casa, que já se encontrava imobilizado. Qual crime gera mais repulsa? Qual dos criminosos chamaríamos de desprezível?

Consideramos um crime repugnante – e não apenas cruel ou violento – quando viola os tabus que criamos para nos diferenciar dos animais, para nos elevar à condição de civilizados. O nojo faz aqui uma volta completa: inicialmente é uma reação física ao que revolta o estômago; em seguida nos faz reagir com aversão a fontes de contaminação; depois disso, marca como aversivas também as fontes de contaminação indireta, até que tudo o que nos lembra nossa natureza animal seja potencialmente nojento. O próprio comportamento, afinal, torna-se objeto de nojo, sobretudo quando nos leva a lembrar de nossa natureza animal, nos ameaça com contaminações, fazendo nosso estômago se revirar. Assassinatos a sangue-frio, crimes sexuais e a violência excessiva com violações da integridade corporal – por mostrar que o ser humano é um bicho – são mais descritos com alguma daquelas palavras associadas ao nojo – como repugnância, repulsa, desprezo e aversão – do que outros tipos de crime.

Caras e caretas

Não é apenas gritando "Tire o dedo daí!" ou alertando "Eca, que nojo!" que as crianças aprendem a ter nojo – ou a ser educadas, o que já descobrimos, para nossa surpresa, que são coisas praticamente sinônimas. A cara que fazemos já diz muita coisa por si só.

No mesmo livro sobre expressão de emoções em que Darwin levanta hipóteses sobre as origens e funções das caretas que fazemos, ele conclui que a expressão de nojo está intimamente ligada à proteção contra a contaminação. Não por acaso, a região facial mais envolvida nessas reações é a boca, intrinsecamente associada à ingestão de alimentos. Ele afirma que os lábios se contraem, a boca abre, gestos muitas vezes acompanhados de sons guturais. Os influentes estudos de Paul Ekman sobre a universalidade das expressões demonstraram que, embora possam existir variações na reação de cada pessoa, de forma geral os lábios contraídos, o nariz e as sobrancelhas franzidos e a língua mais ou menos para fora são reconhecidos como cara de nojo em qualquer lugar do mundo.[91]

Além de comunicar informações importantes em nossas interações sociais – como é o caso da cara de raiva, de medo ou de tristeza –, as reações de nojo existem não apenas para nos proteger, preparando o organismo para expelir algo estragado, mas também para mostrar aos outros que algo é aversivo – ou que deve ser considerado assim naquela sociedade. Essa função foi claramente demonstrada por meio de uma engenhosa experiência que comprovou que torcemos o nariz com mais intensidade quando estamos sendo observados.

Três psicólogos americanos pediram a voluntárias que sentissem cheiros agradáveis, neutros e desagradáveis. Primeiro elas fizeram isso sozinhas numa sala, sem saber que estavam sendo filmadas. Posteriormente, uma nova rodada foi feita, e dessa vez elas souberam que as reações estavam sendo gravadas. Esses vídeos foram então mostrados para 65 pessoas diferentes, que deveriam dizer, com base apenas na expressão facial das voluntárias, quando o cheiro que elas estavam sentindo era bom ou ruim. O resultado mostrou que as imagens capturadas quando as pessoas não sabiam que estavam sendo observadas eram pouco eficientes como meio de comunicação, já que a taxa de acerto foi de 37%. Já as expressões feitas quando elas sabiam da câmera foram muito mais eficazes, elevando essa margem para 76%.⁹²

Mesmo sem termos consciência disso, há mais chances de fazermos cara de nojo quando estamos interagindo, avisando para quem quiser ver que aquilo ali não é bom, não é adequado, deve ser evitado.

É bom tomar cuidado, portanto, com as caretas que fazemos diante dos outros – principalmente das crianças. Se você, sem perceber, torcer o nariz para uma comida que está oferecendo, é bem provável que elas já não gostem do alimento antes mesmo de colocá-lo na boca.

E ainda mais perigosa é a transmissão de preconceitos. O nojo se apega tão facilmente aos comportamentos e atitudes que às vezes um mero franzir de nariz pode ensinar nossos filhos a desprezar o outro – sem sequer nos darmos conta.

Esteja atento ao que dispara o nojo:

- Risco de envenenamento ou intoxicação
- Risco de contaminação
- Violação da integridade corporal
- Aversão ao contato com o outro

O lado bom do nojo:

- Protege o embrião
- Protege a integridade física
- Promove o ensino da boa educação, quando expresso em caretas
- Sinaliza limites morais

Cuidado com o excesso de nojo:

- O medo persistente e exagerado de contaminação pode indicar transtorno obsessivo-compulsivo (TOC)
- Além disso, a aversão ao outro facilmente estimula o preconceito e a discriminação
- Caretas podem ter efeitos indesejados

Alegria

*A felicidade se recosta na tristeza; a tristeza se esconde
na felicidade. Quem sabe se é tristeza ou felicidade?*

— I Ching

Trabalho emocional

"Ria, e o mundo rirá com você", diz o ditado. Afinal de contas,
o riso é contagioso. E não é só isso: ao sorrirmos de propósito
podemos mesmo nos sentir melhor, pois quando mudamos
voluntariamente nossa expressão facial o estado de espírito
tende a acompanhar o rosto. Pais de bebês não costumam
gostar muito de uma brincadeira um tanto cruel que algumas
visitas engraçadinhas fazem com seus filhos. Elas fazem uma
careta de choro para a criança, que imediatamente começa
a imitar a expressão de tristeza numa mímica facial reflexa;
no momento seguinte está chorando de verdade, para diversão dos engraçadinhos e desalento dos pais. A brincadeira dá
certo porque não é só o nosso estado emocional que molda
nosso rosto; o inverso também acontece. Tanto que paralisar

a musculatura da face responsável pela expressão de tristeza, como os músculos da testa que nos fazem ficar de cenho franzido, alivia sintomas de depressão.

A teoria é que os estados depressivos nos levam a ficar mais acabrunhados, com cara de triste, e essa tristeza revelada no rosto informa ao cérebro que as coisas não vão bem. A aplicação de toxina botulínica, como o popular Botox®, impede tais expressões, interrompendo esse círculo vicioso e melhorando a depressão. Vários estudos têm mostrado a eficácia desse tratamento.[93]

Então passar o dia sorrindo, demonstrando bom humor e alegria, deveria nos fazer as pessoas mais felizes da Terra, certo?

Errado.

A Disneyworld se vangloria de ser o lugar mais feliz do planeta. Para garantir isso, eles precisam que todo visitante se sinta bem, tenha suas demandas atendidas e suas necessidades acolhidas por funcionários sempre prestativos e sorridentes. Os empregados recebem um treinamento intensivo na chamada Disney University, aprendendo todos os detalhes sobre os parques, como se comunicar bem com os visitantes e quais emoções devem ser transmitidas para eles. As diretrizes incluem olhar nos olhos e sustentar um sorriso honesto, sempre terminando a interação com um "muito obrigado".[94]

Trata-se de um ensino intensivo sobre demonstração adequada de emoções. Isso faz deles os funcionários mais felizes do planeta? Não. Longe disso, eles apresentam grandes riscos de desenvolver exaustão profissional, desgastados pela tensão que frequentemente surge entre o que estão sentindo e o que a companhia espera que transmitam. Nossas emoções normais variam ao longo do tempo; se somos proibidos de deixá-las transparecer, entramos no modo de atuação superficial, quando o que demonstramos não condiz com o que estamos sentindo. Na verdade, esse problema não é exclusivo dos parques criados por Walt Disney. Numa era em que a economia mundial depende cada vez mais de serviços, manter os clientes satisfeitos é fundamental. É quase universalmente condenável demonstrar emoções negativas ao interagir com o público, e por extensão nos ambientes de trabalho. Empresas de entretenimento podem exigir mais de seus trabalhadores nesse sentido – no que os sociólogos chamam de "trabalho emocional", aqueles empregos em que o funcionário tem que controlar seus sentimentos para influenciar os outros em determinada direção desejada –, mas também observamos essa demanda em muitos outros ambientes profissionais.

Eu tive uma experiência com esse fenômeno quando era adolescente e voei de avião pela primeira vez. Na hora do almoço, um pouco de refrigerante acabou espirrando em mim quando uma aeromoça abriu uma latinha. Ela ficou muito perturbada e constrangida por isso, e eu não consegui entender o motivo, até porque tinha sido só uma borrifada de leve. Eu não sabia à época, mas o fato é que comissários de bordo são instruídos a serem mais simpáticos que o normal. Assim como os funcionários da Disney, comissários e aeromoças ficam distantes dos próprios sentimentos, perdendo a confiança no seu termômetro emocional. Essa foi a conclusão da socióloga Arlie Russell Hochschild. Para ela, todos nós seguimos regras quando se trata de expressar nossos sentimentos, controlando até que ponto os demonstramos de acordo com o contexto e as pessoas envolvidas em prol dos bons relacionamentos. Em alguns cargos, porém, esse esforço emocional é transformado em trabalho, sendo então imposto ao empregado.[95]

O escritor David Foster Wallace fez uma análise primorosa desse fenômeno, que chamou Sorriso Profissional. "Por que empregadores e supervisores forçam os prestadores de serviço a estamparem o Sorriso Profissional?", pergunta no ensaio "Uma coisa supostamente divertida que eu nunca mais vou fazer".[96] "Serei eu a única pessoa que tem certeza de que o crescente número de casos nos quais pessoas de aparência totalmente comum de repente abrem fogo com armas automáticas em shoppings, escritórios de seguros, centros médicos e McDonald's de alguma forma tem relação causal com o fato de esses lugares serem famosos por disseminar o Sorriso Profissional?", questiona já apontando o alto custo emocional da prática.

Claro que, se as empresas fazem assim, é porque nós, na condição de clientes, queremos exatamente isso. Wallace também notou que "a falta do Sorriso Profissional agora também causa desespero. [Sabemos] o efeito devastador de um prestador de serviço carrancudo, i.e., a humilhação e o ressentimento de nos negarem o Sorriso Profissional".

Há alguns anos viajei para o Panamá com minha esposa e fiquei com uma impressão inusitada: senti que, de forma geral, os garçons, taxistas e até atendentes no hotel eram sempre muito prestativos, mas quase nunca eram simpáticos. Não que fossem antipáticos: tratavam-nos com educação, sem qualquer traço de hostilidade, mas faltava aquele sorrisinho a mais, um esforço para agradar. Nunca descobri se era uma característica cultural, se foi consequência de um século de subserviência econômica aos Estados Unidos em função do canal do Panamá ou se foi só azar meu. Mas o fato é que nós mesmos, quando somos clientes, queremos ser mimados, sobrecarregando os pobres funcionários com essa obrigação de alegria perpétua. Pois sorrir mesmo sem vontade pode ajudar a elevar o espírito eventualmente, mas sorrir o tempo todo é exaustivo. Não há alegria duradoura e intensa o suficiente para sobrepujar os outros sentimentos.

Diga "Xis!"

Você pode não trabalhar em companhias aéreas ou em parques de diversão e ainda assim ter se identificado com essas situações. Segundo a escritora Susan Cain, em sua investigação sobre o preconceito que a sociedade moderna tem em relação aos introvertidos, isso é culpa das transformações econômicas ocorridas no início do século XX na América.[97] Com a migração do campo para as cidades, a crescente população urbana passou a se conhecer cada vez menos. Se a impressão superficial que causávamos uns nos outros era pouco importante quando todo mundo se conhecia bem nas pequenas cidades do interior, transmitir uma boa primeira impressão passou a ser fundamental no contexto urbano de desconhecimento mútuo – a única coisa (ou no mínimo a primeira) que saberiam sobre nós era aquilo que veriam. O Culto ao Caráter, que valoriza o sujeito por ser alguém sério, disciplinado e respeitável, transformou-se no Culto à Personalidade, que foca mais na aparência do que na essência, em como as pessoas veem umas às outras: personalidade vem justamente do termo "persona", aquelas máscaras do teatro grego que até hoje simbolizam as artes cênicas – ou seja, o que vale é o que aparentamos.

Além disso, o crescimento do consumo, que viria a ser responsável por boa parte do produto interno bruto dos Estados Unidos, colocou em primeiro plano a figura do vendedor, aquele que está sempre com um sorriso no rosto e para quem o cliente tem sempre razão. Não era preciso ser bem-nascido ou ter um dom especial – qualquer um que conseguisse agradar os clientes poderia ascender na escala social. A mensagem fincou raízes no imaginário popular, ganhando força com um empurrão da publicidade. Cain cita a propaganda de um creme de barbear da primeira metade do século cujo anúncio dizia explicitamente: "Deixe seu rosto refletir confiança, não preocupação! É por sua aparência que você é julgado mais frequentemente."

Sem dúvida a bíblia desse movimento foi o best-seller *Como fazer amigos e influenciar pessoas*, do ex-mascate Dale Carnegie. Publicado em 1936, ele disparou em vendas até atingir a cifra de 5 milhões de exemplares vendidos por volta dos anos 1950 – quando o sorriso se tornou um cartão de visita obrigatório. Hoje em dia, mais de setenta anos depois, ele já vendeu mais de 50 milhões de exemplares. De lá pra cá, mesmo que você não trabalhe diretamente com o público, é provável que se sinta na obrigação de estar sempre bem-disposto – nenhum ambiente de trabalho valoriza uma expressão carregada (exceto entre os lutadores de MMA: as estatísticas mostram que os lutadores que sorriem quando se encaram antes de começar a luta apanham mais e normalmente perdem).[98] Os chefes cobram dos subordinados que mantenham posturas amigáveis entre si, não gostam que façam cara feia. Alguns colegas se ressentem daqueles que não sorriem e assim por diante. A pressão para estar sempre feliz acaba recaindo nas costas de todo mundo.

Pode parecer exagero, mas, se uma imagem vale mais que mil palavras, as fotografias em que aparecemos traz argumentos suficientes para convencer até os mais céticos.

Eu não gosto de tirar foto, e infelizmente meu filho mais velho puxou isso de mim. É raro conseguir fazê-lo sorrir para uma fotografia, para desespero de minha esposa. Parece até que ele está infringindo uma lei, quebrando uma regra moral, subvertendo a natureza das coisas quando não quer dizer "Xis!" na hora da foto. Mas, se investigarmos mais profundamente, descobriremos que o peso da tradição histórica está do lado dele – essa mania de sorrir para fotos surgiu no decorrer do século XX, coincidência ou não, ao mesmo tempo que a cordialidade profissional estava em ascensão como um valor.

As pinturas mais antigas, anteriores à fotografia, não retratavam os nobres sorrindo, e sim com uma expressão grave. Quando Leonardo da Vinci se atreveu a esboçar um sorriso na Gioconda, criou um rebuliço que repercute até hoje. Alguns acreditam que o retratado achava mais fácil manter uma expressão séria durante o longo tempo que passava posando para o artista, e esse padrão teria se mantido após a invenção da fotografia simplesmente por tradição. Outros creem que foi o desenvolvimento da higiene bucal o responsável por nos fazer querer mostrar os dentes nos retratos. Há também quem atribua essa transformação cultural a uma estratégia de marketing da Kodak, que queria associar seu produto à alegria e passou a estimular que as pessoas sorrissem nas fotos.

Seja qual for a causa (ou causas), ao longo do século XX o sorriso se tornou a norma. Pesquisadores americanos digitalizaram quase 40 mil fotos daqueles álbuns de formatura americanos, os *yearbooks*, com retratos dos formandos entre 1900 e 2010. Eles automatizaram as análises de pontos-chave nos rostos para verificar objetivamente se, de fato, as pessoas passaram a sorrir cada vez mais em anos mais recentes. Programaram então um software capaz de medir a elevação do ângulo dos lábios – que aumenta à medida que a expressão se torna mais sorridente – e provaram que nossos sorrisos foram se abrindo com o avançar das décadas do século passado.[99]

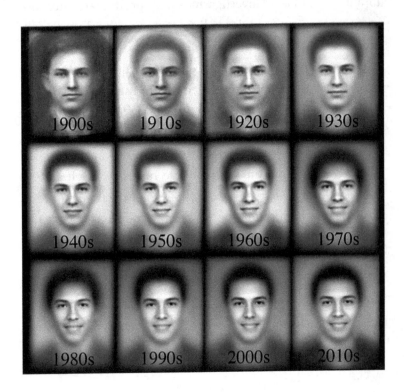

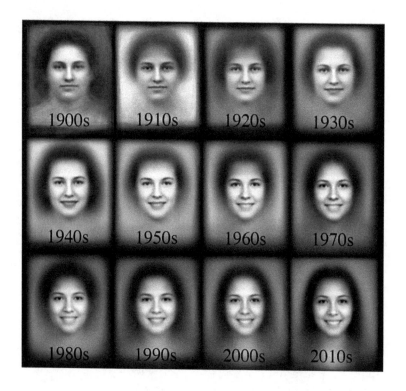

A ordem de sorrir independentemente do que estamos sentindo tomou a sociedade de assalto. Em meados do século XX já estava incorporada à cultura, como mostra a letra da música "Smile". Em 1954, quando John Turner e Geoffrey Parsons escreveram a letra para a música – composta quase vinte anos antes, em 1936, por Charles Chaplin –, eles recomendaram:

Smile, though your heart is aching
Smile, even though it's breaking
When there are clouds in the sky
you'll get by

If you smile through your fear and sorrow
Smile and maybe tomorrow
You'll see the sun come shining through
for you

Light up your face with gladness
Hide every trace of sadness
Although a tear may be ever so near
That's the time you must keep on trying
Smile, what's the use of crying?
You'll find that life is still worthwhile
If you just
Smile.[100]

O compositor brasileiro Braguinha, que fez a versão da canção para o português, manteve o espírito original:

Sorri
Quando a dor te torturar
E a saudade atormentar
Os teus dias tristonhos, vazios
Sorri
Quando tudo terminar
Quando nada mais restar
Do teu sonho encantador
Sorri
Quando o sol perder a luz
E sentires uma cruz
Nos teus ombros cansados, doridos

Sorri
Vai mentindo a tua dor
E, ao notar que tu sorris,
Todo mundo irá supor
Que és feliz.[101]

Parece que o sorriso realmente se tornou uma obrigação e que a felicidade é um dever de todo cidadão. Se não aceitamos que não se queira sorrir nas fotos é porque fizemos da alegria o estado emocional padrão do ser humano. O veto à expressão séria nas fotos indica que, mesmo sem percebermos, nos impusemos o dever da alegria. O risco é que todos terminemos como os funcionários da Disney, cansados de tanto sorrir, esgotados pelo trabalho emocional de aparentar constância no que é variável por natureza.

Na comédia *Tudo o que você sempre quis saber sobre sexo* (*Mas tinha medo de perguntar*), o diretor Woody Allen conta, entre outras, a história de um cientista maluco que faz experiências sobre a sexualidade humana. O cientista conta com um ajudante, Igor, que, a exemplo dos filmes de terror que Allen parodia, é corcunda, manco e estrábico. Ele ficou assim depois de um orgasmo, explica o chefe, mas um orgasmo que durou horas a fio, acabando com sua saúde. Brincando, Woody Allen nos leva a pensar que nada – nem mesmo o prazer – pode ser constante. A alegria, como qualquer emoção, deve ser passageira. Tudo tem limite.

Maus conselhos da alegria

Mesmo quando a alegria não é fingida, seus efeitos sobre o nosso cérebro estão longe de ser apenas positivos – apesar de todo o marketing que a cerca.

Qualquer emoção muito intensa pode prejudicar o raciocínio. Uma pessoa traída pode ficar com tanta raiva que parte para cima de seu traidor – acreditando, cega de ódio, que vale a pena pagar o preço de seus atos em troca da vingança imediata. Poderíamos chamá-la de inconsequente na medida em que ela não dá a devida importância aos desdobramentos de seus atos. Mas muito mais inconsequentes são as emoções positivas, pois, quando somos tomados por elas, parece que não apenas mudamos o peso das consequências – as consequências simplesmente deixam de existir.

Como disse Gilberto Gil na música "Barato total", gravada em 1974 por Gal Costa:

Quando a gente tá contente
Tanto faz o quente
Tanto faz o frio
Tanto faz
Que eu me esqueça do meu compromisso
Com isso e aquilo que aconteceu dez minutos atrás
(...)
Tudo que você disser deve fazer bem
Nada que você comer deve fazer mal
Quando a gente tá contente
Nem pensar que está contente

Nem pensar que está contente a gente quer
Nem pensar a gente quer
A gente quer, a gente quer
A gente quer é viver.[102]

De fato, pensar nos motivos da nossa alegria enquanto estamos alegres é a forma mais rápida de acabar com a graça. Porque quem está contente não quer "nem pensar que está contente". Tudo parece bom, possível, seguro, prazeroso, saudável. Tanto faz. Qualquer coisa está bem. Não parece muito fácil agir de forma responsável num estado desses, em que "nem pensar a gente quer". Tanto é assim que existem culturas que desconfiam profundamente da felicidade, acreditando que quem está feliz se torna irresponsável, como é o caso do povo ifaluk, da Micronésia (sobre o qual já falamos no capítulo Tristeza, p. 41).

A capacidade de reflexão profunda não é ajudada pela alegria intensa. É difícil admitir, mas o otimismo tem um quê de tolice. Tanto que é capaz de influenciar até mesmo seres abstratos e teoricamente racionais, como o famigerado mercado financeiro.

Em 1978, o historiador econômico americano Charles P. Kindleberger publicou *Da euforia ao pânico: Uma história das crises financeiras*. Neste livro, Kindleberger mostra como as bolhas especulativas que surgem ciclicamente na história devem-se à euforia que leva as pessoas a aderir, movidas por um otimismo irracional, a movimentos de valorização injustificável (a não ser pela própria euforia) de determinado produto. Essa euforia do mercado faz com que os preços subam de forma rápida e insustentável, até um ponto em que o exagero fica claro. Nesse momento, o pânico toma conta das pessoas e todos se põem a vender ao mesmo tempo o que antes parecia um sonho, levando à crise.[103]

Há alguns milênios, o Livro de Eclesiastes, atribuído ao sábio rei Salomão, corroborava essa tese ao dizer que "o coração do sábio está na casa onde há luto, mas o do tolo, na casa da alegria. É melhor ouvir a repreensão de um sábio do que a canção dos tolos. Tal como o estalo de espinhos debaixo da panela, assim é o riso dos tolos: isso também não faz sentido". A euforia não é uma conselheira confiável.

Alegria patológica

Quando a euforia fica tão intensa a ponto de se tornar incontrolável, pode ser sinal de que algo não vai bem em nosso cérebro.

Nos capítulos anteriores, ao contrário do que ocorreu neste, procuramos encontrar os aspectos positivos das emoções negativas, sempre fazendo a ressalva de que, embora úteis, as emoções negativas podem sair do controle e se tornar patológicas. Não estamos acostumados a pensar nisso, mas o mesmo ocorre com emoções positivas – a alegria e o prazer, quem diria, podem ser sintomas de doenças.

O caso mais emblemático talvez seja o do transtorno afetivo bipolar. A característica essencial desse transtorno é a alternância de fases depressivas, que discutimos no capítulo sobre tristeza, com fases maníacas, marcadas por aumento de energia, aceleração do raciocínio, desinibição, sensação de poder e inteligência elevados, além de um impressionante estado de alegria.

Você deve estar se perguntando: o que pode haver de errado com isso para que seja chamado de transtorno? Como podemos dizer que alguém alegre, empolgado, cheio de energia esteja doente? Da mesma forma que em qualquer transtorno mental, importa para o médico saber não apenas como a pessoa está se sentindo, mas até que ponto aquele sentimento está ajudando ou atrapalhando sua vida. Quando alguma sensação sai do controle, seja ela boa ou ruim, a pessoa perde a autonomia e não age mais como alguém livre, ficando à mercê de seus sintomas. Assim, pacientes em fases de mania, embora achem que estão bem, na verdade se colocam em risco de exposição social, agem como não agiriam fora dessas fases, fazem gastos financeiros exorbitantes, tomam decisões impensadas, tudo isso motivados por seu estado patológico, que os priva do exercício pleno da razão. Com isso, frequentemente ferem quem amam, destroem patrimônios, prejudicam a própria saúde. A perda do controle, os prejuízos e o inevitável arrependimento e constrangimento posterior dão sinal de que não se tratava de uma emoção saudável.

Muito menos comum, embora bastante curioso, é o caso da epilepsia extática, cuja crise é precedida por uma sensação de bem-estar inigualável. Isso acontece porque a atividade neuronal descontrolada, característica dessas crises, ocorre em regiões cerebrais ligadas à sensação de prazer.[104] Poucos foram capazes de descrever essas ocorrências de forma tão precisa quanto o escritor russo Fiódor Dostoiévski, ele mesmo epiléptico. No livro *O idiota*, o protagonista apresenta crises epilépticas:

Lembrou-se, por exemplo, de que sempre um minuto antes do ataque epilético (quando lhe vinha ao estar acordado) lhe iluminava o cérebro, em meio à tristeza, ao abatimento e à treva espiritual, um jorro de luz e logo, com extraordinário ímpeto, todas as suas forças vitais se punham a trabalhar em altíssima tensão. A sensação de vivência, a consciência do eu decuplicavam naquele momento, que era como um relâmpago de fulguração. O seu espírito e o seu coração se inundavam com uma extraordinária luz. Todas as suas inquietações, todas as suas dúvidas, todas as suas ansiedades ficavam desagravadas imediatamente. Tudo imergia em uma calma suave cheia de terna e harmoniosa alegria e esperança. Tal momento, tal relâmpago, era apenas o prelúdio desse único segundo (não era mais do que um segundo) com que o ataque começava. (...)

Tais frações de momento, para defini-las em uma palavra, caracterizavam-se por uma fulguração da consciência e por uma suprema exaltação da emotividade subjetiva. Se, nesse segundo, ou melhor, bem no último momento consciente anterior ao ataque, ele tivesse tempo para dizer a si mesmo, clara e lucidamente "Sim, por este só momento se daria toda a vida!", então esse momento, sem dúvida, valia realmente por toda a vida.[105]

Não se sabe se Dostoiévski de fato apresentava essas crises, mas sua descrição é preciosa, na medida em que a sensação que as acompanha é tão estranha à experiência comum que os pacientes acometidos raramente encontram palavras para descrevê-la, muitas vezes sentindo-se até mesmo embaraçados, resistindo a relatá-las. Somente um grande escritor poderia chegar perto de nos apresentar tal sensação.

Outra forma de perda de controle sobre a alegria são as crises de riso involuntárias. Provavelmente já aconteceu algo parecido com todo mundo: você está reunido com outras pessoas numa ocasião em que é necessário manter a seriedade; todos estão discutindo sobre um projeto vital, ou decidindo sobre cortes na empresa; talvez estejam até mesmo num velório. De repente, sem aviso, ao trocar olhares com um colega surge uma pequena vontade de rir. Você sorri discretamente, tentando se aliviar daquela aflição, mas o colega percebe e sorri de volta, visivelmente tentando disfarçar. Alguém do lado percebe a situação e, em vez de repreendê-los com o olhar, acaba sendo contagiado, o que só faz crescer sua vontade de rir. Uns tossem, outros baixam o olhar, alguém pede licença para ir ao banheiro, contorcendo-se para segurar a urgência de se livrar da vontade não de fazer xixi, mas de rir. Se tudo dá certo, a crise passa em alguns minutos, tornando-se parte das histórias que serão contadas anos a fio nas festas de fim de ano do escritório. Na pior das hipóteses, ocorre uma constrangedora explosão de gargalhadas, para perplexidade dos que não foram contagiados.

Essa é a versão branda – bem branda – do problema. Rir de nervoso é uma reação relativamente comum, sobretudo quando estamos em situações de conflito difíceis de lidar. Além disso, o riso tem realmente essa propriedade contagiosa, como descobriram os produtores dos seriados de comédia americanos que começaram a utilizar risadas gravadas nas cenas em que se esperava que o público risse.[106] (Os meados do século XX parecem ter sido mesmo a fase áurea para o riso, já que o primeiro programa a adotar essa prática foi exibido exatamente em 1950.)

135

Mas em 1962 essas características assumiram proporções epidêmicas em cidades africanas. Tudo começou em janeiro daquele ano, quando três alunas numa escola de missionários para garotas na Tanzânia (então chamada Tanganica) começaram a rir durante uma aula. Incapazes de se controlar, logo outras alunas estavam rindo com elas, até que o descontrole atingiu quase dois terços de todas as alunas da escola. Por dias a fio nada parecia capaz de fazer as moças pararem de rir, levando ao fechamento temporário da escola em março, o que levou o problema para os vilarejos vizinhos, onde elas moravam. Houve uma tentativa de reabrir a escola em maio, só para ser fechada novamente em junho, devido à recorrência dos risos descontrolados.

A notícia se espalhou, levando consigo os sintomas, que se estima terem atingido cerca de mil pessoas em diversas escolas durante o ano e meio que durou. Nunca foram descobertas causas médicas para essa epidemia, que hoje é considerada um caso de doença psicogênica em massa, nome mais preciso para o que é comumente chamado de histeria coletiva. Trata-se de uma doença, uma vez que ocorre uma perda de controle sobre o comportamento – do riso, no caso. O termo "psicogênico" refere-se ao fato de a gênese, ou origem da doença, ser psicológica, não orgânica. E o componente de massa fica evidente pelo alcance que o problema teve.

Depois disso, não se teve mais registro de outra epidemia com a mesma proporção. Mas rir nunca mais foi um ato livre de riscos.

Outros lados ruins

Entre as emoções positivas, não é só a alegria que tem desvantagens. Tudo tem dois – ou mais – lados, e virtudes exaltadas nos manuais de autoajuda e psicologia positiva também não são isentas de efeitos colaterais. As emoções – positivas ou negativas – podem ser muito mais complexas do que essa classificação binária dá a entender.

Essa foi uma das percepções do psicólogo de Harvard William McDougall (aquele que descreveu um cavalo curioso e amedrontado no capítulo 3), na primeira metade do século XX, antes do boom da psicologia positiva.[107] A gratidão, da qual atualmente consideramos apenas os benefícios, deflagrava sentimentos complexos e, não raro, contraditórios.

Ele acreditava que a gratidão reduz a autoestima de quem se sente grato, ao explicitar certo desnível entre quem dá e quem recebe (quem ajuda fica numa posição de superioridade em relação a quem é ajudado). Como num dos mais tocantes e divertidos episódios da série *The Big Bang Theory*, em que o já citado Sheldon Cooper fica totalmente perdido ao participar de um amigo-secreto no fim do ano. Sua inaptidão caricatural para lidar com as emoções traz à luz a dificuldade que todos temos de mensurar adequadamente quanto somos devedores de quem recebemos algo. Ao saber que irá receber um presente e terá que retribuir, Sheldon se põe a fazer cálculos de diversas ordens, tentando equilibrar o nível de gratidão, sem mal-estar por ter sido presenteado com algo muito acima das expectativas.

Na cultura japonesa, fortemente coletiva, na qual as relações com os outros pautam os comportamentos e atitudes de forma intensa, existe até uma palavra para nomear esse sentimento: *oime*, que significa "invalidez" mas também a "sensação desagradável de ficar devendo algo para alguém".

Emoções boas podem ser prazerosas, mas nenhuma delas parece trazer bons resultados se imposta aos outros. Até mesmo a esperança – benéfica de forma geral – pode se tornar um fardo para, por exemplo, pacientes que são cobrados, por familiares e cuidadores, a se manter otimistas. Ivan Ilitch experimentou esse drama quando estava enfrentando uma enfermidade grave, que mais tarde se mostraria fatal, como entrega o título da novela russa *A morte de Ivan Ilitch*, escrita por Liev Tolstói. Ilitch está ciente da gravidade de sua condição e logo percebe que a morte será inevitável. Em vez de o ajudarem nessa passagem, no entanto, médicos e familiares tentam mantê-lo otimista e esperançoso, quando o que ele mais deseja é ser acolhido em seu medo e ser aceito em sua angústia.

Escreve Tolstói:

O sofrimento maior de Ivan Ilitch provinha da mentira, aquela mentira por algum motivo aceita por todos, no sentido de que ele estava apenas doente e não moribundo, e que só devia ficar tranquilo e tratar-se, para que sucedesse algo muito bom. Mas ele sabia que, por mais coisas que fizessem, nada resultaria disso, além de sofrimentos ainda mais penosos e morte. E esta mentira atormentava--o, atormentava-o o fato de que não quisessem confessar aquilo que todos sabiam, ele mesmo inclusive, mas procurassem mentir perante ele sobre a sua terrível situação, e obrigassem-no a tomar também parte nessa mentira. A mentira, essa mentira que lhe era pregada nas vésperas da sua morte, a mentira que devia abaixar esse ato terrível e solene da sua morte até o nível de todas as suas visitas, das cortinas, do esturjão no jantar... era horrivelmente penosa para Ivan Ilitch.[108]

A ideia de que os pacientes vão se beneficiar caso mantenham o otimismo e vejam sempre o lado bom das coisas não se sustenta em todos os casos. Em um estudo com pacientes com câncer de mama, psicólogas americanas descobriram que, por vezes, as mulheres acabavam se sentindo pior, e com menos qualidade de vida, dependendo do estágio da doença, se fossem levadas a pensar nos benefícios de se estar com a doença.[109] Como Ivan Ilitch, às vezes as pessoas sabem que vão morrer em breve e não querem mais se manter otimistas, apenas desejam que seus sentimentos negativos sejam validados e aceitos.

O lado bom do lado bom

A melhor parte das emoções positivas talvez seja a sensação agradável que elas causam. Nós as chamamos de positivas simplesmente por querermos que se repitam, por desejarmos estar perto de suas fontes o maior tempo possível.

Além disso, elas também trazem boas consequências de forma geral. Gratidão, esperança, otimismo, felicidade, tudo isso nos ajuda em diversos aspectos – aumentam a qualidade de vida, melhoram as relações, contribuem para a saúde e até para uma longevidade saudável. Elas têm um lado ruim – a alegria pode nos fazer inconsequentes; o otimismo, tolos; e a gratidão, oprimidos –, mas isso é um detalhe. O bem-estar que elas nos trazem superam esses efeitos ruins.

O problema real não é querer se sentir bem. O ponto principal é que as emoções positivas – como todas as outras, diga--se – não são fins em si mesmas, mas consequências de outras coisas que fazemos: trabalhar com gosto, estabelecer bons relacionamentos, investir em hobbies prazerosos, etc. Mas quando transformamos consequências em recompensas, elas se tornam rapidamente o objetivo principal da nossa vida. Com isso, deixamos de investir energia nas coisas que valem a pena – cujas consequências eram o que almejávamos em primeiro lugar – para nos envolver numa busca infrutífera pelos resultados. A alegria se torna uma obrigação, a gratidão se torna um dever, a esperança se torna um fardo. Essa é a maneira mais eficaz de acabar com o lado bom do lado bom.

Não queremos ensinar ninguém a ser feliz, otimista, sorridente. Queremos estimular que as pessoas tenham uma vida plena, rica em emoções – o que invariavelmente incluirá emoções negativas. Mas, como vimos ao longo do livro, todas têm seu lado bom.

Conclusão

Completamos assim uma volta de 360 graus pelo círculo das emoções. Espero que o giro não tenha deixado ninguém tonto. E torço para que essa volta nos dê uma perspectiva bastante diferente daquela que usávamos para lidar com nossas emoções. "Não chore...", "Não tenha medo!", "Não fique nervoso" são frases que todos já ouvimos e falamos muitas vezes. Nós as repetimos exaustivamente, mesmo sabendo que são inúteis (quantas vezes alguém se acalmou ou ficou feliz só porque você pediu?), porque temos uma visão errada dos estados emocionais. Por serem desagradáveis, acreditamos que as emoções negativas são maléficas e queremos nos livrar delas o mais rapidamente possível – ou nem deixar que apareçam. Ficamos com o pior de dois mundos: não conseguimos deixar de sofrer e não recebemos a ajuda que as emoções negativas poderiam nos dar.

Veja que interessante esse estudo feito no Reino Unido, que acompanhou mais de 4 mil pessoas desde o seu nascimento, em 1946. Quando os participantes tinham entre 13 e 15 anos, seus professores foram entrevistados para avaliar quão ansiosos eles eram. Ao completarem 16, o nível de ansiedade deles foi formalmente avaliado com testagens psicológicas. A partir daí, os cientistas passaram a registrar os acidentes fatais e as mortes não acidentais dos voluntários ao longo dos anos. Os jovens que haviam sido classificados como "pouco ansiosos" aos 13 anos tinham quase seis vezes mais chance de morrer de acidente antes dos 25; por outro lado, quando o teste revelava baixa ansiedade aos 16 anos, o risco de morte por causas não acidentais depois dos 25 era 30% menor.[110] Então, quando me perguntam se é verdade que ansiedade mata, a única resposta verdadeira é: depende. Depende de quando, e depende do tipo de morte.

Um fenômeno parecido acontece também no lado bom. Cientistas americanos da área econômica criaram uma medida interessante de otimismo: eles perguntaram às pessoas quanto tempo elas achavam que ainda viveriam. As otimistas obviamente chutavam alto, achando que viveriam mais do que a média. Quanto mais distantes da média, mais otimistas eram consideradas. No extremo, 5% achavam que viveriam 20 anos a mais do que o esperado para sua faixa etária. Os pesquisadores então compararam as decisões econômicas dessas pessoas e notaram que, embora aquelas um pouco otimistas tivessem comportamentos vantajosos, como trabalhar mais horas, guardar dinheiro e adiar a aposentadoria, as extremamente positivas tomavam decisões mais imprudentes e potencialmente prejudiciais a longo prazo.[111] Então, otimismo é bom? Depende. Depende de quanto, e de quais decisões ele está influenciando.

Se procurarmos, tenho certeza de que encontraremos esse padrão para todas as emoções. Elas têm um lado bom e um lado ruim, e temos que tentar tirar o melhor proveito de cada um.

A famosa frase grega que diz que a virtude está no meio vem dessa ideia. Em seu livro *Ética a Nicômaco*, principal obra sobre as virtudes, Aristóteles defende que tanto o excesso como a deficiência de determinadas características nos desviam do melhor caminho, sendo o meio-termo o ponto ideal a ser buscado em cada esfera da vida. No tocante às emoções, por exemplo, ele diz que nós vemos a calma como uma virtude da pessoa que se equilibra entre a irascibilidade e a pacatez. Com relação ao medo, ele afirma que a virtude da coragem é o meio-termo entre a temeridade, ou irresponsabilidade, do muito corajoso, e a covardia, seu oposto também prejudicial. E assim ele segue com os comparativos: a virtude da liberalidade fica entre os defeitos da prodigalidade, de um lado, e da mesquinhez, de outro. A vergonha, entre a sem-vergonhice e a timidez excessiva.

Retomo aqui o conceito de virtude como meio-termo para que o leitor não termine com a impressão de que o negócio é ficar triste, viver com raiva, ansioso, enojado, fugindo da alegria. Longe disso, este livro não é uma apologia ao sofrimento.

Escolhemos dar ênfase às emoções negativas não para exaltá-las como mais virtuosas ou úteis do que as positivas, mas para puxar um pouco o pêndulo que se inclina excessivamente para as emoções positivas – que, como sabemos, são supervalorizadas – enquanto condenam as emoções negativas como sinal de derrota. Não tenho qualquer receio de que as pessoas passem a cultivar as emoções negativas depois de conhecê-las melhor. Nem centenas de livros como este seriam suficientes para equilibrar o jogo do marketing a favor da felicidade e do otimismo.

Meu desejo é apenas que, depois de dar esse giro panorâmico, deixemos de ver tristeza, raiva, ansiedade, nojo e todas as vizinhas que moram do lado "ruim" do círculo das emoções como vilãs a serem combatidas. Como sons incômodos a serem silenciados. Alarmes a serem desligados.

Sim, elas são incômodas. Mas esse é seu grande valor. Elas são nossos alarmes.

Os alarmes só têm sentido se duas condições são satisfeitas. Primeiro, se eles entrarem em ação quando ocorrer o problema ou surgir a ameaça que justificam sua existência. Segundo, se nós escutarmos a sirene e soubermos interpretar o que ela significa. As emoções negativas não precisam de ajuda para entrar em ação no nosso dia a dia. Alguns livros tentam ensinar a desligá-las, mas meu objetivo é o oposto: espero que *O lado bom do lado ruim* nos ajude a estar mais atentos a esses alarmes, e que possamos compreender os avisos que eles estão nos dando para podermos atuar direto na origem do problema.

Porque corrigir a situação, e não ignorar a sirene, é a única maneira de ter sossego de verdade.

Agradecimentos

É preciso coragem para investir num projeto que não passa de uma ideia, ainda mais se a ideia é arriscada. Agradeço de coração à Editora Sextante, que teve a coragem de apostar que seria possível lançar um livro de autoajuda falando sobre emoções negativas – praticamente o oposto do que se espera dos títulos dessa linha. O apoio da querida diretora de aquisições, Nana Vaz de Castro, foi fundamental nesse começo e durante todo o processo, com sua leitura atenta e sugestões precisas. Sinto uma gratidão imensa à Clarissa Oliveira, que, no início do projeto, sugeriu que eu escrevesse com um estilo diferente do livro anterior, *Pílulas de bem-estar*. O desafio de produzir uma narrativa mais longa me deu um frio na barriga, mas a sugestão me levou, sem dúvida, a melhorar como escritor. Agradeço também o trabalho minucioso de preparação e revisão das detalhistas Juliana Souza e Hermínia Totti, que tiveram muita paciência ao lidar com o texto e com o autor.

Lembro sempre que, sem o apoio do Instituto de Psiquiatria do Hospital das Clínicas e do Departamento de Psiquiatria da Faculdade de Medicina da USP, poucas de minhas produções veriam a luz. A divulgação científica engatinha no país, mas o suporte dessas instituições ao reconhecê-la como missão da universidade dentro da extensão universitária é o que permite que livros assim sejam publicados.

E, mais uma vez, obrigado à minha família. O afeto que vem deles é uma recarga emocional – de boas emoções.

Notas

1. STARR, Lisa R.; HERSHENBERG, Rachel; LY, Y. Irina; SHAW, Zoe A. "When Feelings Lack Precision: Low Positive and Negative Emotion Differentiation and Depressive Symptoms in Daily Life". *Clinical Psychological Science* 5, nº 4, 2017, pp. 613-31.
2. PESSOTTI, Isaías. *A loucura e as épocas*. São Paulo: Editora 34, 1994.
3. HAIDT, Jonathan. "The New Synthesis in Moral Psychology". *Science* 316, nº 5.827, 18 de maio de 2007, pp. 998-1.002.
4. LOEWENSTEIN, George. "Hot-Cold Empathy Gaps and Medical Decision Making". *Health Psychology* 24, nº 4, suplemento, julho de 2005, pp. S49-S56.
5. ARIELY, Dan; LOEWENSTEIN, George. "The Heat of the Moment: The Effect of Sexual Arousal on Sexual Decision Making". *Journal of Behavioral Decision Making* 19, nº 2, abril de 2006, pp. 87-98.
6. DAMÁSIO, António R. "The Somatic Marker Hypothesis and the Possible Functions of the Prefrontal Cortex". *Philosophical Transactions of the Royal Society B – Biological Sciences* 351, nº 1.346, 29 de outubro de 1996, pp. 1.413-20.

7. PLUTCHIK, Robert. *The Psychology and Biology of Emotion*. Nova York: HarperCollins, 1994, p. 66.

8. ADAMS, Douglas; LLOYD, John. *The Meaning of Liff*. Londres: Pan, 1983, p. 90.

9. Município da Região Metropolitana de Londrina, no estado do Paraná.

10. Município do Estado de Pernambuco.

11. SPINOZA, Baruch. *Ética*. Belo Horizonte: Autêntica, 2009, p. 110.

12. EKMAN, Paul. "Basic Emotions". In: DALGLEISH, Tim & POWER, Mick (Ed.). *Handbook of Cognition and Emotion*. Nova York: John Wiley & Sons, 1999, pp. 45-47.

13. SROUFE, L. Alan. "The Organization of Emotional Development". In: SCHERER, Klaus R. & EKMAN, Paul (Ed.). *Approaches to Emotion*. Hillsdale, NJ: Lawrence Erlbaum Associates Inc. Publishers, 1984, pp. 109-28.

14. LUONG, Gloria; WRZUS, Cornelia; WAGNER, Gert G.; RIEDIGER, Michaela. "When Bad Moods May Not Be So Bad: Valuing Negative Affect is Associated with Weakened Affect-Health Links". *Emotion* 16, nº 3, abril de 2016, pp. 387-401.

15. SMITH, Tiffany Watt. *The Book of Human Emotions: an Encyclopedia of Feeling from Anger to Wanderlust*. Londres: Profile Books, 2012, p. 127.

16. PROVINE, Robert R.; KROSNOWSKI, Kurt A.; BROCATO, Nicole W. "Tearing: Breakthrough in Human Emotional Signaling". *Evolutionary Psychology* 7, nº 1, janeiro de 2009, pp. 52-56.

17. PLUTCHIK, Robert. *The Psychology and Biology of Emotion*. Nova York: HarperCollins, 1994, p. 203.
18. DARWIN, Charles. *A expressão das emoções nos homens e nos animais*. São Paulo: Companhia das Letras, 2009, p. 310.
19. BRÜNE, Martin. *Textbook of Evolutionary Psychiatry*. Oxford: Oxford University Press, 2008, pp. 211-13.
20. FORGAS, Joseph P.; EAST, Rebekah. "On Being Happy and Gullible: Mood Effects on Skepticism and the Detection of Deception". *Journal of Experimental Social Psychology* 44, nº 5, setembro de 2008, pp. 1.362-67.
21. FORGAS, Joseph P. "When Sad Is Better Than Happy: Negative Affect Can Improve the Quality and Effectiveness of Persuasive Messages and Social Influence Strategies". *Journal of Experimental Social Psychology* 43, nº 4, julho de 2007, pp. 513-28.
22. VISSER, Victoria A. et al. "How Leader Displays of Happiness and Sadness Influence Follower Performance: Emotional Contagion and Creative Versus Analytical Performance". *The Leadership Quarterly* 24, nº 1, fevereiro de 2013, pp. 172-88.
23. DAMÁSIO, António. *A estranha ordem das coisas: a vida, os sentimentos e as culturas humanas*. São Paulo: Companhia das Letras, 2017, p. 21.
24. BRÜNE, Martin. *Textbook of Evolutionary Psychiatry*. Oxford: Oxford University Press, 2008, p. 215.
25. AMABILE, Teresa M. "Brilliant but Cruel: Perceptions of Negative Evaluators". *Journal of Experimental Social Psychology* 19, nº 2, março de 1983, pp. 146-56.
26. GIBSON, Bryan; OBERLANDER, Elizabeth. "Wanting to

Appear Smart: Hypercriticism as an Indirect Impression Management Strategy". *Self & Identity* 7, n° 4, outubro de 2008, pp. 380-92.

27. O'CONNOR, Mary-Frances et al. "Craving Love? Enduring Grief Activates Brain's Reward Center". *NeuroImage* 42, n° 2, 15 de agosto de 2008, pp. 969-72.

28. ZHON, Xinyue et al. "Heartwarming Memories: Nostalgia Maintains Physiological Comfort". *Emotion* 12, n° 4, agosto de 2012, pp. 678-84.

29. MENDES, Luis Antonio de Oliveira. "Memória a respeito dos escravos e tráfico da escravatura entre a costa d'África e o Brasil (1812)". *Revista Latinoamericana de Psicopatologia Fundamental*, ano X, n° 2, junho de 2007, pp. 362-76.

30. SEDIKIDES, Constantine et al. "Nostalgia Fosters Self--Continuity: Uncovering the Mechanism (Social Connectedness) and Consequence (Eudaimonic Well-Being)". *Emotion* 16, n° 4, junho de 2016, pp. 524-39.

31. ROUTLEDGE, Clay et al. "The Past Makes the Present Meaningful: Nostalgia as an Existential Resource". *Journal of Personality and Social Psychology* 101, n° 3, setembro de 2011, pp. 638-52.

32. ROUTLEDGE, Clay. "Nostalgia Is Good Medicine". *Psychology Today*, 11 de agosto de 2009. Disponível em https://www.psychologytoday.com/blog/more-mortal/200908/nostalgia-is-good-medicine.

33. KERR, Margee; SIEGLE, Greg J. & ORSINI, Jahala. "Voluntary Arousing Negative Experiences (VANE): Why We Like To Be Scared". *Emotion* 19, n° 4, junho de 2019, pp. 682-98.

34. PLUTCHIK, Robert. *The Psychology and Biology of Emotion*. Nova York: HarperCollins, 1994, p. 282.
35. LOEWENSTEIN, George. *Exotic Preferences: Behavioral Economics and Human Motivation*. Oxford: Oxford University Press, 2008, p. 135.
36. BARLOW, David. H. Anxiety and its Disorders: The Nature and Treatment of Anxiety and Panic. 2ª ed. Nova York: The Guilford Press, 2001, p. 62.
37. YERKES, Robert M.; DODSON, John D. "The Relation of Strength of Stimulus to Rapidity of Habit-Formation". *Journal of Comparative Neurology and Psychology* 18, nº 5, 1908, pp. 459-82.
38. LUPIEN, Sonia J. et al. "The Effects of Stress and Stress Hormones on Human Cognition: Implications for the Field of Brain and Cognition". *Brain and Cognition* 65, nº 3, dezembro de 2007, pp. 209-37.
39. GONZALEZ-MULÉ, Erik; COCKBURN, Bethany. "Worked to Death: The Relationships of Job Demands and Job Control With Mortality". *Personnel Psychology* 70, nº 1, primavera de 2017, pp. 73-112.
40. KELLER, Abiola et al. "Does the Perception that Stress Affects Health Matter? The Association with Health and Mortality". *Health Psychology* 31, nº 5, setembro de 2012, pp. 677-84.
41. DUTTON, Donald G.; ARON, Arthur P. "Some Evidence for Heightened Sexual Attraction Under Conditions of High Anxiety". *Journal of Personality and Social Psychology* 30, nº 4, novembro de 1974, pp. 510-17.

42. BROOKS, Allison Woods. "Get Excited: Reappraising Pre--Performance Anxiety as Excitement". *Journal of Experimental Psychology General* 143, nº 3, dezembro de 2013, pp. 1.144-58.

43. BRÜNE, Martin. *Textbook of Evolutionary Psychiatry*. Oxford: Oxford University Press, 2008, p. 229.

44. HOCK, Roger R. *Forty Studies That Changed Psychology: Explorations into the History of Psychological Research*, 6ª ed. Harlow: Pearson, 2008, pp. 27-34. A imagem pode ser acessada em: https://openi.nlm.nih.gov/detailedresult?img=PMC4569749_fpsyg-06-01381-g009&req=4. Último acesso em 16/12/2019.

45. COOK, Michael; MINEKA, Susan. "Selective Associations in The Observational Conditioning of Fear in Rhesus Monkeys". *Journal of Experimental Psychology: Animal Behavior Processes* 16, nº 4, 1990, pp. 372-89.

46. HUMBLE, Mats. "Aetiology and Mechanisms of Anxiety Disorders". *Acta Psychiatrica Scandinavica* 76, nº S335, setembro de 1987, pp. 15-30.

47. SHARIATMADARI, David. "Daniel Kahneman: 'What Would I Eliminate if I Had a Magic Wand? Overconfidence'". Disponível em https://www.theguardian.com/books/2015/jul/18/daniel-kahneman-books-interview. Acesso em: 5 de agosto de 2019.

48. KRUGER, Justin; DUNNING, David. "Unskilled and Unaware of It: How Difficulties in Recognizing One's Own Incompetence Lead to Inflated Self-Assessments". *Journal of Personality and Social Psychology* 77, nº 6, dezembro de 1999, pp. 1.121-34.

49. KAHNEMAN, Daniel; KLEIN, Gary. "Conditions for Intuitive Expertise: A Failure to Disagree". *American Psychologist* 64, nº 6, outubro de 2009, pp. 515-26.

50. KLEIN, Gary. "Performing a Project Premortem". *Harvard Business Review* 85, nº 9, setembro de 2007, pp. 18-19.

51. ZELDIN, Theodore. *Uma história íntima da humanidade*. Rio de Janeiro: BestSeller, 2008, pp. 204-05.

52. LIN, Muyu et al. "Attention Allocation in Social Anxiety During a Speech". *Cognition and Emotion* 30, nº 6, 2015, pp. 1.122-36.

53. ANDERSEN, Chris. *TED Talks: O guia TED para falar em público*. Rio de Janeiro: Intrínseca, 2015.

54. BRÜNE, Martin. *Textbook of Evolutionary Psychiatry*. Oxford: Oxford University Press, 2008, p. 196.

55. DAMÁSIO, António. *A estranha ordem das coisas: a vida, os sentimentos e as culturas humanas*. São Paulo: Companhia das Letras, 2017, p. 142.

56. BUSHMAN, Brad J. "Does Venting Anger Feed or Extinguish the Flame? Catharsis, Rumination, Distraction, Anger, and Aggressive Responding". *Personality and Social Psychology Bulletin* 28, nº 6, junho de 2002, pp. 724-31.

57. WALLBOTT, Harald G.; SCHERER, Klaus R. "Assessing Emotion by Questionnaire". In: Plutchik, Robert & Kellerman, Henry (Ed.). *Emotion: Theory, Research, and Experience. Vol. 4. The Measurement of Emotions*. San Diego: Academic Press, 1989, pp. 55-82.

58. LORENZ, Konrad. "Biographical", The Nobel Prize in Physiology or Medicine 1973. The Official Web Site of The Nobel Prize. https://www.nobelprize.org/prizes/me-

dicine/1973/lorenz/biographical/ Acesso em: 30 de agosto de 2019.

59. EL-HAI, Jack. "The Chicken-hearted Origins of the 'Pecking Order'. The Crux". *Discover Magazine*, 5 de julho de 2016. http://blogs.discovermagazine.com/crux/2016/07/05/chicken-hearted-origins-pecking-order/#.XMG2J3fOMlU.link

60. BRÜNE, Martin. *Textbook of Evolutionary Psychiatry*. Oxford: Oxford University Press, 2008, p. 178.

61. PLUTCHIK, Robert. *The Psychology and Biology of Emotion*. Nova York: HarperCollins, 1994, p. 346.

62. AJINA, Sara; BRIDGE, Holly. "Blindsight and Unconscious Vision: What They Teach Us about the Human Visual System". *The Neuroscientist* 23, nº 5, outubro de 2017, pp. 529-41.

63. ARONOFF, Joel; BARCLAY, Andrew M.; STEVENSON, Linda A. "The Recognition of Threatening Facial Stimuli". *Journal of Personality and Social Psychology* 54, nº 4, abril de 1988, pp. 647-55.

64. SMITH, Tiffany Watt. *The Book of Human Emotions: an Encyclopedia of Feeling from Anger to Wanderlust*. Londres: Profile Books, 2012, p. 133.

65. ALONSO, Francisco et al. "Shouting and Cursing While Driving: Frequency, Reasons, Perceived Risk and Punishment". *Journal of Sociology and Anthropology* 1, nº 1, 2017, pp. 1-7.

66. VANDERBILT, Tom. *Por que dirigimos assim*. Rio de Janeiro: Campus/Elsevier, 2009, p. 28.

67. DE QUERVAIN, Dominique J.-F. et al. "The Neural Basis of Altruistic Punishment". *Science* 305, nº 5.688, agosto de 2004, pp. 1.254-58.

68. SMITH, Tiffany Watt. *The Book of Human Emotions: an Encyclopedia of Feeling from Anger to Wanderlust.* Londres: Profile Books, 2012, p. 151.

69. ZOLA, Emile. *Mes haines, causeries littéraires et artistiques.* Paris: A. Faure, 1866.

70. CHEMALY, Soraya. "The Power of Women's Anger". Disponível em https://www.ted.com/talks/soraya_chemaly_ the_power_of_women_s_anger?language=pt-br.

71. SPRING, Victoria L.; CAMERON, C. Daryl; CIKARA, Mina. "The Upside of Outrage". *Trends in Cognitive Sciences* 22, nº 12, dezembro de 2018, pp. 1.067-69.

72. ARENDT, Hannah. *Sobre a violência.* Rio de Janeiro: Civilização Brasileira, 2009.

73. SAVITSKY, Jeffrey C. et al. "Aggressor's Response to the Victim's Facial Expression of Emotion". *Journal of Research in Personality* 7, nº 4, março de 1974, pp. 346-57.

74. VAN KLEEF, Gerben A.; DE DREW, Carsten K. W.; MANSTEAD, Antony S. R. "The Interpersonal Effects of Anger and Happiness in Negotiations". *Journal of Personality and Social Psychology* 86, nº 1, 2004, pp. 57-76.

75. NEWTON, Michael. *Savage Girls and Wild Boys.* Londres: Picador, 2004, pp. 98-127.

76. SMITH, Tiffany Watt. *The Book of Human Emotions: An Encyclopedia of Feeling from Anger to Wanderlust.* Londres: Profile Books, 2012, p. 80.

77. DARWIN, Charles. *A expressão das emoções nos homens e nos animais*. São Paulo: Companhia das Letras, 2009, p. 221.

78. NIEBYL, Jennifer R. "Nausea and Vomiting in Pregnancy". *The New England Journal of Medicine* 363, nº 16, outubro de 2010, pp. 1.544-50.

79. SHERMAN, Paul W.; FLAXMAN, Samuel M. "Nausea and Vomiting of Pregnancy in an Evolutionary Perspective". *American Journal of Obstetrics and Gynecology* 186, nº 5, supl. 2, maio de 2002, pp. S190-S197.

80. ANDRADE, Mario de. *Amar, verbo intransitivo*. Rio de Janeiro: Nova Fronteira, 2013, p. 98.

81. YOURCENAR, Marguerite. *A obra em negro*. Rio de Janeiro: Nova Fronteira, 2017, p. 159.

82. MORI, Masahiro. "The Uncanny Valley". *IEEE Robotics & Automation Magazine* 19, nº 2, junho de 2012, pp. 98-100.

83. ROBERTS, S. Craig. *Applied Evolutionary Psychology*. Nova York: Oxford University Press, 2012, p. 423.

84. ROZIN, Paul; HAIDT, Jonathan; McCAULEY, Clark R. "Disgust". In: Levinson, David; Ponzetti, James J. & Jorgenson, Peter F. (Eds.) *Encyclopedia of Human Emotions*. Vol. 1, 2ª ed., Nova York: Macmillan, 2000, pp. 188-93.

85. NEMEROFF, Carol; ROZIN, Paul. "The Contagion Concept in Adult Thinking in the United States: Transmission of Germs and of Interpersonal Influence". *Ethos 22*, nº 2, junho de 1994, pp. 158-86.

86. HULT KHAZAIE, D; KHAN, S. "Shared Social Identification in Mass Gatherings Lowers Health Risk Perceptions Via Lowered Disgust." *Br J Soc Psychol.* 24 de dezembro de 2019.

87. DARWIN, Charles. *A expressão das emoções nos homens e nos animais*. São Paulo: Companhia das Letras, 2009, p. 221.

88. STORM, Christine; STORM, Tom. "A Taxonomic Study of the Vocabulary of Emotions". *Journal of Personality and Social Psychology* 53, nº 4, outubro de 1987, pp. 805-16.

89. GRAHAM, Jesse et al. "Moral Foundations Theory: The Pragmatic Validity of Moral Pluralism". *Advances in Experimental Social Psychology* 47, dezembro de 2013, pp. 55-130.

90. WHEATLEY, Thalia; HAIDT, Jonathan. "Hypnotic Disgust Makes Moral Judgments More Severe". *Psychological Science* 16, nº 10, outubro de 2005, pp. 780-84.

91. EKMAN, Paul. "Facial Expression and Emotion". *American Psychologist* 48, nº 4, abril de 1993, pp. 384-92.

92. GILBERT, Avery Nelson; FRIDLUND, Alan J.; SABINI, John. "Hedonic and Social Determinants of Facial Displays to Odors". *Chemical Senses* 12, nº 2, junho de 1987, pp. 355-63.

93. PARSAIK, Ashimi et al. "Role of Botulinum Toxin in Depression". *Journal of Psychiatric Practice* 22, nº 2, março de 2016, pp. 99-110.

94. REYERS, Anne; MATUSITZ, Jonathan. "Emotional Regulation at Walt Disney World: An Impression Management View". *Journal of Workplace Behavioral Health* 27, nº 3, julho de 2012, pp. 135-59.

95. HOCHSCHILD, Arlie Russell. *The Managed Heart: Commercialization of Human Feeling*. Berkeley: University of California Press, 1983.

96. WALLACE, David Foster. *A Supposedly Fun Thing I'll Never Do Again: Essays and Arguments*. Nova York: Back Bay Books, 1998, pp. 291, 292.

97. CAIN, Susan. *O poder dos quietos*. Rio de Janeiro: Sextante, 2019.
98. KRAUS, Michael W.; CHEN, Teh-Way David. "A Winning Smile? Smile Intensity, Physical Dominance, and Fighter Performance". *Emotion* 13, nº 2, abril de 2013, pp. 270-79.
99. GINOSAR, Shiry et al. "A Century of Portraits: a Visual Historical Record of American High School Yearbooks". *IEEE Transactions on Computational Imaging* 3, nº 3, setembro de 2017, 421-31.
100. (Sorria, embora seu coração esteja doendo/ Sorria, mesmo que esteja quebrando/ Quando há nuvens no céu/ você vai passar/ Se você sorri através do seu medo e tristeza/ Sorria e talvez amanhã/ Você vai ver o sol brilhando/ para você/ Ilumine seu rosto com alegria/ Esconda todo traço de tristeza/ Embora uma lágrima possa estar tão próxima/ Essa é a hora que você deve continuar tentando/ Sorria como é o uso do choro/ Você vai descobrir que a vida ainda vale a pena/ Se você apenas/ Sorrir)
101. "Sorri", versão de "Smile", de Charles Chaplin, John Turner e Geoffrey Parsons. Versão de Braguinha. © 1932/1956 BOURNE CO. MUSIC PUBLISHERS administrada 100% Peermusic do Brasil Edições Musicais Ltda.
102. "Barato Total", de Gilberto Gil, ed. Gege Edições / Preta Gil Music (USA & Canadá).
103. KINDLEBERGER, Charles P.; ALIBER, Robert Z. *Da euforia ao pânico: Uma história das crises financeiras*. São Paulo: Gente, 2009.
104. GSCHWIND, Markus; PICARD, Fabienne. "Ecstatic Epileptic Seizures: a Glimpse into the Multiple Roles of the

Insula". *Frontiers in Behavioral Neuroscience* 10, artigo ID 21, 2016.

105. DOSTOIÉVSKI, Fiódor. *O idiota*. São Paulo: Martin Claret, 2015, p. 187.

106. PROVINE, Robert R. *Laughter: a Scientific Investigation.* Nova York: Penguin Books, 2001, p. 137.

107. SMITH, Tiffany Watt. *The Book of Human Emotions: An Encyclopedia of Feeling from Anger to Wanderlust.* Londres: Profile Books, 2012, p. 118.

108. TOLSTÓI, Lev. *A morte de Ivan Ilitch.* Tradução de Boris Schnaiderman. São Paulo: Editora 34, p. 55.

109. TOMICH, Patricia L.; HELGESON, Vicki S. "Is Finding Something Good in the Bad Always Good? Benefit Finding Among Women with Breast Cancer". *Health Psychology* 23, nº 1, janeiro de 2004, pp. 16-23.

110. LEE, William E.; WADSWORTH, M.E.J.; HOTOPF, Matthew. "The Protective Role of Trait Anxiety: a Longitudinal Cohort Study". *Psychological Medicine* 36, nº 3, abril de 2006, pp. 345-51.

111. PURI, Manju; ROBINSON, David T. "Optimism and Economic Choice". *Journal of Financial Economics* 86, nº 1, outubro de 2007, pp. 71-99.

CONHEÇA OS LIVROS DE
DANIEL MARTINS DE BARROS

Pílulas de bem-estar

O lado bom do lado ruim

Para saber mais sobre os títulos e autores da Editora Sextante,
visite o nosso site. Além de informações sobre os
próximos lançamentos, você terá acesso a conteúdos exclusivos
e poderá participar de promoções e sorteios.

sextante.com.br